创意写作书系·青少版

丁丁老师◎著

创意写作魔法师
国际楚才作文竞赛专家评委

有个性的写作

人物篇

中国人民大学出版社
·北京·

图书在版编目（CIP）数据

有个性的写作. 人物篇 / 丁丁老师著. –– 北京：
中国人民大学出版社，2022.10
（创意写作书系：青少版）
ISBN 978–7–300–30997–2

Ⅰ.①有… Ⅱ.①丁… Ⅲ.①作文课—小学—教学参
考资料 Ⅳ.①G624.243

中国版本图书馆 CIP 数据核字（2022）第 168594 号

创意写作书系·青少版
有个性的写作·人物篇
丁丁老师　著
You Gexing de Xiezuo·Renwupian

出版发行	中国人民大学出版社			
社　　址	北京中关村大街 31 号		邮政编码 100080	
电　　话	010–62511242（总编室）		010–62511770（质管部）	
	010–82501766（邮购部）		010–62514148（门市部）	
	010–62515195（发行公司）		010–62515275（盗版举报）	
网　　址	http://www.crup.com.cn			
经　　销	新华书店			
印　　刷	北京瑞禾彩色印刷有限公司			
规　　格	170 mm×240 mm 16 开本		版　　次	2022 年 10 月第 1 版
印　　张	18.25		印　　次	2022 年 10 月第 1 次印刷
字　　数	204 000		定　　价	80.00 元（2 册）

序言　写作是一场追求个性化的旅程

朱汉华

写作，确实是件非常个性化的事情。

大作家都有鲜明的个性化标识，从语言风格到性情思想；传世的经典名篇，承载的也都是个性化的人世观察、生命体验和思考感悟。

"个性化"的反面，是同质化。专家们在评析青少年写作状况的时候，经常会提出"千篇一律""相似雷同"的问题，提倡和呼唤"个性化"。

是什么妨碍了孩子们"个性化"的生长和表达呢？学业负担？生活单调？还是教育方式？

关于"好作文"的标准，我个人总结应该包括六个方面：

1. 完整性——缺不缺东西？（缺起因、缺过程、缺背景……）

2. 清晰度——说明白没有？（逻辑顺畅、层次分明、用词准确）

3. 优美化——文笔优雅、细节生动、修辞得当

4. 感染力——能否打动别人？（故事、人物、情感、细节、感悟等）

5. 创新性——有新意（角度、题材、手法、体裁形式等）

6. 个性化——与众不同、独一无二

以上也是好作文的六级台阶，相辅相成，层层递进。其中，"个性化"位于金字塔的顶端。

既然是文章中的"极品"，是不是意味着境界最高、难度最大，对于青少年来说高不可攀呢？

不是的。

对于"个性化"的理解，有一个定性和定量的问题，它既是一个标高，也是一个过程。人生的每个阶段，都应该有所属、所在的个性化，这就好比我们的长相、身材、体质都是不一样的，而且在不断变化中。又好比阅读，面对同一篇文章，每个人的理解、感受、关注点、所得所悟都是不一样的，这就是"个性化"。

说到"个性化写作"，我觉得最主要体现在三个方面：语言风格、思维方式、思想观念。比如语言风格，钱钟书的幽默比喻、鲁迅的犀利讽刺、萧红的细腻灵动、汪曾祺的从容淡雅，都自成"标签"。思维方式、思想观念，更是一个人长期历练后形成的"头脑习惯"和精神图谱。还有一些作家，专精于某一类题材、体裁，这也是"个性化"。

青少年写作，尚处于学习、模仿阶段，可不可以追求"个性化"？答案是肯定的。"个性化写作"说高级，其实也简单——找到自我，忠于自我。用自己的语言，写自己的观察、发现，表达自己的情感、思想，就是最大的"个性化"。它既是一个系统训练的过程，也是个人潜能渐渐激发、个人特质慢慢凸显的嬗变。我个人的经验和感受是：小学阶段保护童真童趣，侧重训练观察力，激活想象力；初中阶段着重培养逻辑思维，实现认知自我；高中、大学阶段要形成自己的审美和思想、立场。而语言文字，需要用一辈子的工夫来锤炼，这既是基本功，也是思维能力。

"个性化写作"，一直是丁丁老师教孩子们的重要目标和终极追求。这事说起来容易，但做起来难——我们一向不缺各种要求、概念，但缺好的方法体系。如何找到既遵循写作规律，又贴合青少年认知特点的行之有效的方法？丁丁老师一直在钻研、实践、积累。

这本《有个性的写作》，就是一部典型的"方法论"：每个小节聚焦一个问题，进行场景化设计，通过一个又一个故事来教孩子们写作。它更像是剧本，孩子读，如同在看自己演的电影，能迅速沉浸；家长读，如同现场观摩一场实验，直面拿来可用的方法。

生活即文章，作文如做人。写作的个性化，也是人的个性化。它不是简单、刻意的"标新立异"，而是一种"和而不同""各美其美，美美与共"。从这点来看，教孩子学会有个性的写作，其价值和意义远不止一篇得高分的作文。

（朱汉华，资深媒体人，高级记者。楚才竞赛委员会办公室主任、终评专家、主命题人。中国写作学会特聘研究员，中国教师发展基金会专家委员，华中师范大学基础教育创新发展研究中心研究员。）

前言　谁又能拒绝故事呢

　　我的爷爷是位民间艺人，常年游走在湘西的各个乡村，打花鼓耍刀，讨点糍粑和零钱。他在家的时间并不多，但只要有可能，都会给我们讲故事，什么薛仁贵东征、水浒传之类的。

　　爷爷不会讲什么大道理，但总有讲不完的故事。若是在冬天，我们十几个孙辈就紧紧围坐在火塘前，伴着噼里啪啦的柴火燃烧的声音，度过乡村冬夜寥寂的睡前时光。若是在有蛙鸣和虫吟的夏天，我们会一手提个小板凳，一手摇把蒲叶扇，来到屋前的晒谷坪，围坐在爷爷跟前。面前的稻田耐不住寂寞，在月光下随风舞动，萤火虫的光忽明忽灭地闪烁着，蛐蛐唱着古老的歌谣。这样的夜晚，故事让一切安静下来。

　　那些少而珍贵的夜晚，成了我童年最重要的一段时光，至今还常常出现在梦里。那时，虽然家里穷得买不起铅笔，这些故事却给了我一个富足的世界。一同成长起来的，还有倾听能力：大自然的声音，外婆和妈妈的聊天，小伙伴的说笑——这些都是故事，每天都在发生。我跟它们一次次相遇，一次次玩耍。

　　后来，我带着这些童年的故事，走出了大山，到城市做了一名记者。记者最重要的就是学会倾听。感谢童年的经历，让我学会了倾听，并把讲述者的故事变成文字，让更多人看到；感受到每一个平凡人背后的苦难和良善，并为之感动。

再后来，我又成了一名专业的写作老师，因为，心头那些萦绕不去的童年故事让我觉得，教会更多孩子真实地记录下自己的童年，将给予他们一生受用的财富，也会让我们读到更多生命的故事。

在教孩子们写作的过程中，我愈来愈感觉到故事的重要，有哪个孩子会拒绝听故事呢？所以这次，我将写作课堂变成了生活化的场景，模拟了生活中出现的各种情境，以丁丁老师的身份，跟着有点腼腆的小涂，一路参与到各种故事中。

比如，刚到丁丁老师创意写作魔法班上，小涂的自我介绍是这样的——

> 我，我叫小涂，我……我是个可爱的小男生。

你能想象到那种尴尬。丁丁老师通过两封特别的信，让小涂一点点学会了做自我介绍，又学会了怎么写自己、怎么有创意地写自传。

再比如，创意写作魔法班办了一个物品推介会，小涂带的是菱角。他眼睛都不敢往台下看，只是磕磕巴巴地说——

> 我的物品是菱角，它……它是黑色的，它……它还硬硬的，剥开皮，里面有果肉。

但，这有什么关系！他后来参加了摸物、画物、王婆卖瓜、菜市场、公园等讲故事游戏。当再次看到毛毛虫时，他写下了这样一段文字——

> 灰色的石头上，趴着一条青绿色的毛毛虫，特别显

眼。仔细看，毛毛虫的身体是一节一节的，我数了数，一
共有 10 节，每一节上各有一个小黑点。它青绿色的外衣
上，还有几条黄色的竖条纹，从头到尾，把每一节连了起来。

　　我强忍着内心的害怕，慢慢地伸出手，用右手食指碰
了碰它，一阵凉意从指尖传到手臂，让我忍不住打了个哆
嗦。我又大着胆子继续摸了摸，这才发现，它的身体软绵
绵的，碰着还挺舒服。

就这样，小涂跟他的好朋友小可和小琪一起，在生活化的写作
课堂上，学习有个性的写作方法，一路成长起来。

我想把爷爷当年讲故事的感觉带入写作书中。我想，要是当年
爷爷只跟我讲谁是好人、谁是坏人、我们应该做怎样的人，那现在
的我可能不会用笔去写故事。

我们都是爱听故事的"小孩"，因为故事有着神奇的力量，它
能以不同的形式走进我们的内心，用一种更容易被我们接受和记住
的方式，引导我们去深思、去感悟。从故事中学习，是我们与生俱
来的能力。

希望这套书里的一个又一个小故事，能引领更多孩子爱上写
作，让更多孩子在这种身临其境般的代入感中，领悟到写作就是写
生活，它没有什么高深的技巧，唯有真实和真诚的交流。

目 录

角色介绍

小涂
慢条斯理的小男生

丁丁老师——创意写作魔法师

小可
风风火火的小男生

小琪
自带文艺气息的小女生

一 写自己：
怎么写出独特的个性

　　我，坐在教室里，走在社会上，都是独一无二的，和同学、老师、家人、朋友在一起时，能迅速区别出来，可一旦打开作文本，那个最独特、能迅速区别出的"我"，却不见了。

　　写外貌，笔下的孩子们长得都是"忽闪忽闪的大眼睛""弯弯的眉毛""甜甜的小酒窝"。

　　写事情，大多数都是写帮助老奶奶过马路、扶受伤的同学去医务室、苦练某项技能等。

　　原因在哪？

（一）怎么做好自我介绍

小涂刚到丁丁老师创意写作魔法班上课。一进教室，他就挑了个靠墙的座位坐下。数了数，从讲台看过去，是第五排从左往右的第六号。他稍稍打量了一眼教室后，就打开随身带来的小说《城南旧事》，低头翻看起来。

1. 小涂尴尬的自我介绍

这是第一节课，丁丁老师让大家做一个简单的自我介绍。

小涂看到一个头戴运动头带的小男孩第一个站起来，右手摸了摸后脑勺，傻笑了两声，说："我叫小可，风风火火的性格，跟人熟得快。我特别喜欢打篮球，希望有机会跟大家一起打篮球。当然，也希望能认识爱写作的你们。"

有个穿心形图案裙子的小女孩，声音特别好听，就像春天淅淅沥沥的雨声一般。她说："我叫小琪，王字旁加个其他的其，就是

美玉的意思，爸爸妈妈觉得我是他们的宝贝，所以取了这样一个字。我喜欢画画。"

　　轮到小涂的时候，他有点懵，两只手不知该往哪放：先是碰了碰桌面，又背到了身后，接着垂在身体两侧，最后搓起了衣角。他断断续续地说："我，我叫小涂，我……我是个可爱的小男生。"情急之下，他蹦出了一串幼儿园老师常教小朋友自我介绍时说的话——名字后加上"我是勇敢的小男生"或"我是可爱的小女生"——只是，小涂把这句话说岔了。

　　周围响起了叽叽喳喳的议论声。
　　"啊？"
　　"没有了？"

2. 三个标点符号的自我介绍

第一节课在大家热闹的自我介绍中结束了。快下课的时候，丁丁老师给了每个孩子两个信封，并特别交代：写着"1"的信封，到家时打开；写着"2"的信封，明天晚上六点再打开。

一到家，小涂就迫不及待地打开了第一个信封，只见上面写着：

> 现在，你应该已经到家了。问问爸爸妈妈，他们单位来了新人，一般会怎样做自我介绍，有哪些让他们印象深刻的介绍。

小涂拿着信找到爸爸妈妈。其实，他们早已收到老师的信息，做好了准备。

妈妈所在的部门是做销售的，经常会招一些新人。她说，有一位小伙子让人印象深刻，他一进办公室，先给大家鞠一躬，然后说："我叫贾勤，贾宝玉的贾，勤奋的勤。希望在今后的工作中，让大家看到我是真的勤奋，而不是假的勤奋。"

爸爸给小涂讲了个小故事[①]，那是他从杂志上看到的——

> 美国著名社会心理学家巴尔肯有次作为演讲嘉宾参加一场青年宴会，他提议到会的人各自用最简洁的文字写一篇《自传》，就像今天说的自我介绍一样。一个满脸沮丧的青年交给他的，就三个标点符号，分别是"——！。"。
>
> 这个青年解释这三个符号：我前一阵横冲直撞——结果落了个伤心自叹！到头来只有完蛋。
>
> 巴尔肯稍稍思考后，把它改为"、……？"，并用坚定的语气鼓励青年：青年时期只是人生路上的一个小站。人

---

① 赵连兴. 巧改"标点自传". 新青年（珍情），1995（4）.

生的道路崎岖而漫长，但前程无限，你没听说过浪子回头金不换吗？难道不应该继续奋发努力吗？

3. 自我介绍至少要说说特点

小涂明白了：自我介绍在很多场合都会用到，一定要体现出自己的特点。他决心也要做出让人印象深刻的自我介绍。

 小涂把爸爸妈妈叫到客厅，向他们重新做了一番自我介绍——

我的特点，是不太喜欢说话，看起来有点冷冷的，但其实，只要跟我熟了后，你就会发现，我的话也挺多的。我做事慢条斯理的，妈妈总说我的速度可以跟蜗牛比赛了。不过，他们也承认，出门的时候，有几次幸好有我帮他们关好了门窗，不然暴雨早就打湿了地板。我视力不好，总戴着一副眼镜。

看看别人怎么写

大家好，我叫周文静。文，是聪明的意思，有文化，爸妈希望我多学文化。静，爸妈希望我安静。我小时候十分调皮，不是把新鞋给剪得七零八碎，就是把新玩具给拆了，跟名字一点都不符。不过，现在长大了一些，我的性格变了很多，文静了不少。

——周文静 湖北省武汉市江岸区新村小学四（6）班

 这是一则标准的自我介绍，抓住了名字和性格特点，并提到了二者之间的关联和名字的寓意。看得出来，文静对自己有清晰的了解。

丁丁老师技法小课堂

自我介绍是为了认识自己

自我介绍不仅是为了让同学们互相认识，更是为写作做好准备。这是因为，所有写作出发的那个点，无一例外都是——我。但一些模块化写作丢掉了写作的宗旨——"我手写我口，我手写我心"，丢掉了对自我的认识，于是有了整齐划一的"大眼睛""弯眉毛""小嘴巴"。

所以，我们要学会认识自己，熟悉自己的外貌、性格、爱好等，了解自己与众不同的特点。父母也可以有意识地引导孩子认识自我，多给孩子讲讲他／她小时候的趣事和经历。

围绕自我介绍，至少有两方面需要说清楚。

（1）名字

先介绍自己的名字，好让别人下次叫我们的时候不是简单的一个"喂"。

（2）特点

我们要把外貌、性格、爱好等方面的特点概括出来，并说出或者写下来。

比如，自己视力不好，总是戴眼镜。这就是外貌上的特点。

做事慢条斯理，却很细心。这就是性格上的特点。

喜欢打篮球，喜欢阅读，喜欢写作。这就是爱好上的特点。

介绍的时候，可以对照自我介绍的思维导图，突出重点，同时避免介绍的内容混乱、重复或有遗漏。

外貌
性格 特点
爱好

自我介绍

名字

每课一练

　　假设你去参加夏令营，老师让大家做自我介绍。现在，该你上场了，你会怎样介绍自己？

（二）用名字写自传

 熬过一天，终于到了第二天晚上六点，小涂急忙打开第二封信：

> 第一封信之后，相信你对自己越来越好奇，我们接着探寻自己的小秘密。

> 先端坐在大镜子前，仔细观察自己 5 分钟，找找样貌上的特别之处，并记录下来。

> 再问问爸妈，自己名字的来历、寓意。想想名字给你带来的快乐或烦恼。

> 把两部分内容综合在一起后，我们下节课再来一番自我介绍。

"下节课再来"！看到这五个字，小涂来精神了：终于有机会争回丢失的面子了。

1. 有些斯文的我

坐在妈妈的化妆镜前，小涂开始从头发往下观察自己——以前还真没这样看过。平时洗脸刷牙，不过是透过洗漱台的镜子瞟一瞟。

镜子里的自己看起来挺斯文的，干净利落。椭圆形的脑袋，经常被妈妈说像个鸭蛋，里面却藏着"十万个为什么"。眉毛像隶书的"一"，让自己显得清秀之余多了一分稳重。最显眼的就是那副眼镜：两个大大的圆横在脸中间，真有点像名侦探柯南。

鼻子、嘴巴、耳朵、头发、手、腿、肚子，就不一一介绍了。丁丁老师说过，写作要抓特别的。

2. 我的名字大有来头

小涂的大名叫涂安皓。他的爷爷是名语文老师，看到新生的小孙子，脸上的皱纹都舒展开了。那几天，爷爷拿着本《楚辞》翻过来翻过去。为什么翻《楚辞》？因为中国人起名自古就有"女《诗经》、男《楚辞》"之说，《诗经》纯美淡雅，《楚辞》瑰丽飘逸。

爷爷后来翻到《渔父》中的这句——"安能以皓皓之白，而蒙世俗之尘埃乎？"反反复复念了六遍，说，就叫"安皓"吧。安，可以寓意平安。皓，是清白的意思。而且，"皓"字发音响亮大气，与"安"字搭配，能让人感受到男孩朝气蓬勃、光明磊落的气质。

这个名字一出，一家人全票通过。

小涂长得白净，人也懂事。爸爸妈妈的同事看到他，都说孩子的名字取得好，人如其名。

只是有两件事，让小涂有点烦心。

因为他的姓"涂"和"图"的发音一样，所以一叫"小涂"，别人就想到了不图回报的"图"——贪图的意思。他们就会问他："你想图点什么呢？"甚至，他帮同学讲数学题，也有人开玩笑说："小涂，你这样做，想图什么？"

班上有位男同学，口音很重，an 和 ai 不分，每次都把"安皓"念成了"哀嚎"，声音还特别大。一次课间休息，他跑过来，大声喊"哀嚎，哀嚎"，大家的笑声都快震翻教室了，起哄嚷道："安皓又要哀嚎了，眼泪都流下来了！"

3. 有点特别的我

小涂坐在书桌前，按照老师的要求，把自我介绍、外貌和名字的故事放在一起，开始写。这一次写得特别顺，感觉句子都装在了脑袋里，一句接一句地往外冒。

20分钟后，这篇《名字》就写好了。

名字

涂安皓

我的名字叫涂安皓。这是爷爷翻了三天《楚辞》的成果。来自"安能以皓皓之白，而蒙世俗之尘埃乎？"皓，是清白的意思。安，可以理解为平平安安。

爷爷希望我能清清白白、光明磊落。奶奶和妈妈最希望我平平安安。爸爸对此也没有异议，觉得两个意思都能体现。所以，全票通过。

我看起来挺斯文，干净利落，白白净净的。椭圆形的脑袋里装满了各种离奇的问题，眉毛像隶书的"一"，让清秀的我多了一分稳重。最醒目的是那副圆圆的大眼镜，横在脸部中间，让我有点像名侦探柯南。

我做事慢条斯理的。我想"安"还有安静的意思，所以我特别喜欢安静的浅蓝色。看到这个色，就想起蓝天和淡淡的湖水，心都静了下来。

我的名字很好，但也惹了点麻烦。因为"涂"和"图"读音相近，有同学就总问我"图什么"。还有的把"安皓"读成了"哀嚎"，好像我就是哭的代表。我确实挺害羞的，但并不喜欢哭。

看看别人怎么写

我的名字

黄涵昱　湖北省武汉市水果湖第二小学四（2）班

黄涵昱！对，就叫"黄涵昱"。

我出生后第一件重要的事，就是取个好名字。"大师"对着我的生辰八字，掐指一算，说我命里缺水。爸爸妈妈翻了好多天的字典，想了多种组合，再考虑爷爷奶奶、外公外婆的意见，定下我的名字——涵昱。

爸爸说，"涵"字满足三点水的要求，又代表"涵养"；"昱"代表"阳光"。爸爸妈妈希望我将来是一个有涵养又开朗的女孩，能像早上的太阳一样。

…………

"黄昱涵——"哎！又被叫错名字了。为什么老师们总是把我叫成"昱涵"呢？是有叫"昱涵"的名人吗？

被叫错几次之后，我索性也不解释了，每次有老师点到"黄昱涵"的时候，我都高高兴兴地站起来回答问题。慢慢地，有的老师真以为我叫"黄昱涵"！

一次英语考试试卷发下来后，老师在我试卷上的姓名填写处画了一个调换修改符号，将"涵"和"昱"调换了过来，还特地把我叫到讲台上，好心地教导我："黄昱涵同学，以后在试卷上千万不要把名字写错哦！在重要考试中，写错名字可是要得零分的！"

我的脸涨得通红，连忙摆摆手："其实……其实……我就叫黄涵昱！"

"是吗？黄——涵——昱——同学？"没想到老师的脸唰的一下，比我的脸还红。

"哈哈！对不起哦！老师粗心了！"老师温柔地摸摸我的头。

其实，"涵昱""昱涵"叫错了也没关系，因为名字里蕴含的意思是一样的呀。

这篇文章从名字的角度做自我介绍，写到了名字的来历、寓意和带来的烦恼。名字的故事写得具体生动，特别是"我"纠正老师错误时的那些文字。从故事中也能看出，小作者确实像父母期盼的那样，有着开朗阳光的性格。

丁丁老师技法小课堂

从名字来写"我"

写作从写"我"开始。一个人如果对自己的名字都不了解、不关心，没有疑问，没有向爸爸妈妈提问，那能写好自己吗？

有孩子说："我问了啊，可爸爸妈妈说是'随便取的'，就把我打发了。"这是写作环境出了问题。写作一定是思维为主、文字为辅的训练，关键是打开孩子求异的思路，帮助孩子保持一颗好奇的心。一个疑问出来了，家长却以敷衍的态度对待，甚至责备，那孩子好奇的种子就会枯萎。一旦心封闭，写作闸门也就关上了。

具体来说，从名字的角度写自己，可以包含以下三方面内容：

（1）来历

你的名字是谁取的？是在什么情况下取的？取名字的时候，家里人是否有过意见不统一，或者是从几个中最后挑选了这一个？

（2）寓意

每个字有怎样的讲究？代表着长辈怎样的祝福或期待？

（3）故事

名字会带来快乐，也可能带来烦恼。不管是什么样的故事，都可以写下来。

故事

名字

来历

寓意

　　对照上一页"名字"的思维导图，填写相关内容，随后把内容组合在一起，写成一篇从名字出发的小自传。

（三）好自传有哪些特质

第二节创意写作课上，小涂高高地举起了手，跟上节课的状态完全不一样。上台后，他念了自己写的《名字》。这一次，热烈的掌声在教室的每个角落里响起。

紧接着，其他同学登台，一个个鲜明的形象深深地印在了小涂的脑海中，他认识了一帮有个性的朋友。

1. 他们的名字有特点

小可的全名叫赵小可。他说自己刚出生时，小小的，特别可爱，家里人就给他取了这样一个简单的名字。不过，小个子的他特别喜欢运动，个头也越长越高，身体结实得很。唯一没变的，是他的可爱，有他的地方总会有笑声。

小琪的全名叫郭雅琪。琪，是美玉的意思，寓意长得漂亮；雅，代表优雅，一看就知道爸妈希望她优雅。

最让大家欢乐的是一个叫吴悠的同学。有一次，爸爸妈妈去办事，家里没人，就把她也带去了。在那里，她碰到了一个年龄相仿的男孩。两个无所事事的孩子主动聊了起来。一聊之后发现，这个男孩竟然叫"吴虑"，两人就是"无忧无虑"组合。

听到"无忧无虑"，教室里一下传出了笑声。很多人都在想，自己怎么就没有遇到这么有意思的事。

丁丁老师看穿了大家的小心思，特别提醒："有些同学的经历确实很有意思。但懂得怎么去观察生活、留意素材，懂得怎么去思考和构思，这比经历更重要。你的经历可能比不过别人，但写故事的能力比别人强，照样能写出好文章。"

2. 给小璇的故事打个分

自我介绍结束，丁丁老师出示了一篇自传文章，让大家评价。

我的名字

周怡璇　湖北省武汉市外国语小学美加分校五年级

周怡璇，这是我的名字，也是一个非凡的名字，也有一个非凡的意思。

"怡"是因为爸爸妈妈想让我心旷神怡，不会经常生气。果然，我不会生气。就算同学把墨汁全倒在了我的作业本上，我也只是擦干净，不会生气。

"璇"是古代的一种美玉，有着幸福的意义。从某种意义上来讲，它是很特别的：爸爸妈妈想让我美丽、聪明。

但是，围绕名字，有时我也会伤心。因为，有些人为了嘲笑我，把我的名字写成"洲怡璇"。唉！我真想哭呀！还有，我、老爸、阿姨和叔叔去国外玩。结果，我的名字被报错了，我就被送回了家，他们则自己乐呵去了！我后来一看：呀！飞机上的人把我写成"周一旋"。唉，我好惨呀！

在学校里，同学们经常叫我"怡璇"。我觉得，应该就叫这个，很可爱，很亲切，不用那个"周"。

每个人的名字在世界上都独一无二，没有人能代替，更没人会说出你名字的特别含义！

小涂觉得这篇很棒。对照从名字角度写自传的思维导图，它有名字的来历，有长辈的期盼，有名字带来的烦恼。各个部分都是完整的，写得也比较清晰。

不过，丁丁老师觉得，这篇初看确实不错，只是，最精彩的片段应该是名字报错被送回时在机场的遭遇，当时该有多大的冲突，却轻描淡写地带过去了。如果这个地方写具体了，刚好呼应前面的"我不会生气"：这样都不会生气，名字里的"怡"该多准确。

小涂听得直点头，他脑海中就一直闪现着小璇被送回的一幕，可总不太清晰，好像被一块幕布挡住了。

这篇文章还有孩子容易犯的一些毛病。比如说开头和结尾，是需要删除的，这些都属于套话，可以套在任何一篇自传中。文章的开头要直接，快速出击，把最精彩的内容放在最前面。

看看别人怎么写

我的名字

刘子骞　湖北省武汉市珞珈山小学三（3）班

我叫刘子骞。我还在妈妈肚子里的时候，爸爸妈妈从早到晚就在想我的名字。

　　他们想的名字稀奇古怪，比如说："刘米来""刘一一""刘一升"。刘米来，是妈妈想出来的名字。米是钱的意思，爸爸妈妈希望我以后很富有。刘一一，是爸爸妈妈为了让我考试的时候不浪费时间写名字。幸亏我不叫刘一升，虽然我很喜欢当医生，但是我也不愿意天天被叫成"刘医生"。

　　我随爸爸姓刘，"子"是爸爸妈妈想让我向孔子、孟子、老子学习，将来能温文尔雅。妈妈最后给我取个"骞"字，她想让我像张骞一样，能坚持，有韧性。

　　这个"骞"字还闹过一次笑话。有一次上体育课，老师在操场上点名，喊道："刘子赛！"没人回答，我们班没有这个人。过了好半天，我慢慢吞吞地站起来，问老师："老师，您是在点我吗？我的名字叫刘子骞。"老师仔细看了一下自己点名的名单，发现念错了，很是尴尬，嘴巴张成了个 O 形，在那一动不动。

　　过了一会儿，他一边偷偷看着自己的名单，一边自言自语道："这个小鬼，我怎么会犯这种低级错误，居然被你给发现了？"他接着说："我是故意弄错的，我是想看看是谁跑得像马儿一样快。"

　　老师的脸已经红成了晚霞，有的同学笑得前俯后仰。

　　很有趣的一篇自传。取名的过程和名字带来的烦恼，都写出了一种幽默的味道。结尾尤其好，在老师和同学的表情细节中戛然而止。从故事中也能感受出"我"人如其名，有点温吞的性格。

丁丁老师技法小课堂

好自传有三个特质

好的自传文章至少有三个特质。

（1）看到人物性格

文字是最真诚的，能从中看出每个孩子的性格，自传类文章又最能体现这一特点。你是调皮、火爆，还是温柔、文静，需要在文章里体现出来。

（2）看到长辈期待

一个孩子的成长，不仅仅是孩子本身的成长，更是一个家庭的成长，寄托着一个家庭的期望。如小琪，家人希望她优雅；周怡璇，家人希望她心情好、生活幸福。

这些内容都需要父母来告诉孩子。所以，面对孩子关于这些的提问，父母要认真耐心地解答。

（3）看到真实故事

名字的故事，也就是名字带来的快乐或者烦恼的事情。比如吴悠碰到吴虑的故事，还有周怡璇没能去国外玩的故事，都让人感觉非常真实独特，不是那种换个名字就能安在所有孩子身上的故事。

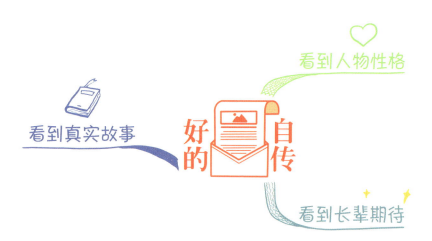

看到真实故事

好的自传

看到人物性格

看到长辈期待

每课一练

　　对照好自传的三个特质和优秀文章，修改自己写的自传文章，删掉一些废话，把故事部分写得更具体些。

（四）我可以改个名字吗

丁丁老师的课堂上越来越活跃。可小涂发现，他的同桌小操一直耷拉着脑袋，面前的草稿纸上写着她的名字——"操奕成"，但被划掉，然后又被写上，反反复复好几次。

1. 一个提问让课堂躁动起来

丁丁老师低头在操奕成耳边询问了几句，然后走上讲台，示意大家安静下来。

"如果对自己的名字不满意，大家觉得可以在文章里写改名的事情吗？"

"啊？改名？！"

课堂躁动起来。

"这可是大人给我们取的啊，怎么能改呢？"

"我觉得可以改。大人给我们取名的时候，又没征求我们的意见。"

"可是，爸爸妈妈不会同意的，会骂我们的！"

"我们只是在生活中这样去想，在文章里这样去写，不是真的去派出所把名字改了。再说，你一个人去，警察也不会给你改啊。"

大家讨论得差不多了，丁丁老师双手往下一按，教室顿时又安静下来。接着，他分享了一个名字的小故事。

有一对双胞胎，哥哥叫傲文，弟弟叫傲武。妈妈傍晚在村里叫弟弟回家吃饭，满村的"嗷呜~嗷呜~嗷呜~"，听着就像狼叫一样。

其实，每个字本身都很棒，可有些组合在一起，因为和某些词读音相同或相近，在一些特定场合，就容易闹笑话。

2. 一起玩"改名"游戏

丁丁老师宣布，给大家一项特殊的权利——起一个自己最喜欢的名字。将想好的名字写在本子上，并回答两个问题：为什么要改？改成什么？

课堂又活跃起来，大家开始分享改名的经历或想法。

何子涵觉得自己的名字不好听，显得有点文弱，特别想改成"何铠甲"，因为他想做一个既勇敢又有责任、有担当的人。可爸妈不让改，他为此还伤心了好几天。

何子涵　➡　何铠甲

王子彧（yù）也想改名，因为新同学都不认识这个"彧"，常常把"彧"字当成"或"，还给他取了名字：王子或。有一次去参加钢琴比赛，他发现自己参赛证上的名字变成了"王子"，找老师一问，老师有点难为情地说："可能是写名字的老师不认识你的那个'彧'字。"他想改名叫"王闪电"，因为他觉得闪电很酷、速度快，而且大家再也不会把字认错了。

看看别人怎么写

改名字

操奕成　湖北省武汉市钟家村寄宿小学四年级

　　我的名字是操奕成，带着些许秀气，但这秀气中却又透着些男孩气。

　　名字总会带来一些运气。上次，我的作文被发到群里，并被评为优秀作文。我十分高兴，正想庆祝一番时，却听见手机里传来一阵响亮清脆的"叮咚"声。不经意地用眼角瞥了一眼，好心情顿时烟消云散。原来，群里有家长发了一条信息，上面写的是——"这个男孩子作文写得很细致。"

　　当时群里没有其他人的作文，那肯定说的是我。我飞快地跑到客厅，上气不接下气地说："您……您看……这位家长把我当成男孩了！"妈妈本来在心不在焉地打字，听到这话，忽然眼前一亮，飞快地抢过手机说："在哪里……你的作文竟然得了第一名？！"

我看见妈妈激动成这样，断定我跟她谈的不是同一件事，便悄悄地走出了客厅。

还有一次，班上同学给我取外号，叫我"超市"。很快，这个外号便在班上流传开来。甚至有的同学一碰到我就说："喂，我要一杯酸奶，多少钱？"我不慌不忙地回答道："一亿元，你想买就买吧！"虽然嘴上这么说，但心里还是闷得慌，心想："是谁取的这个外号，真可恶！"于是，我越来越想有朝一日能够改个名字。

我要改名叫操凤伏！在历史书里看到古代两个人非常聪明，一个叫凤雏，一个叫伏龙。我决定他俩名字各取一个字，补充在我的姓后面。这样，我既可以盖掉男孩气，又可以甩掉"超市"了。这个名字真好！我心想。

不过，冷静想想，想要自己改名字，也是痴心妄想。名字是父母给的，还是得好好珍惜它才行。

 操奕成把自传和写事融合在了一起，重点放在改名这件事上。为什么改？一是名字容易被当作男孩子，二是被同学叫外号"超市"。改成"操凤伏"，这是取两个聪明人各自名字中的一个字，名字也变得女性化了。

丁丁老师技法小课堂

改名也是写作

"我"是写作的起点，有关"我"的任何事情都可以写成文章。对名字不太满意、想改名，同样可以写成一篇文章，这也是进一步认识自我，为写出真实的自我打好基础。

改名式自传可以由两个部分组成。第一个部分是关于自己名字的，这是此前学过的内容，包括来历、寓意和故事。

第二个部分是改名，它分两个方面：

（1）为什么改

生活中会有一些因为名字产生的误会，或者因为名字的谐音引起的烦恼。这些事情多少会让人对自己的名字产生不满。

（2）改成什么

改成这个而不是别的名字，也需要体现"我"的深思熟虑，能说出这个名字在哪些方面更符合"我"的特点，这实际上也是对自我的一种深入了解和认知。

写文章的时候，我们把两个部分组合在一起，前面写名字的自传，接着写名字带来烦恼的故事，后面再写改名。这样一来，字数增加了不少，内容也变得有意思许多。

但要注意，文章的重点一定要突出，放到名字带来的烦恼和改名的理由上，把过程写清楚、写具体、写出细节。

　　在前面自传的基础上，加上改名的内容，把故事部分写具体，注意两个内容之间的转接。

（五）别人对我的印象

丁丁老师一进教室，就给大家布置了一个新任务：采访同学，听同学说说对你的印象是怎样的。

此前的训练都是从自己的角度做的，这一次要从侧面来了解，更全面地展示"我"的特点。这就像水果杨桃，整个看上去就像一个椭圆状的齿轮，可是切开看，截面却是五角星状。写物需要多角度观察，写人也是一样，要多角度了解。

1. 留意第一印象

小涂带着采访本找到小可，请他说说对自己的第一印象。

 小可呵呵一笑——

> 你啊，很害羞，不太爱说话。第一次来的时候，你就

坐在靠墙的位置，也不跟同桌说话；自我介绍的时候还有点不好意思，说得特别少。

 小涂的脸又红了，看来这个小毛病一下就被别人发现了。他又采访了几位同学，都是第一次见面的感觉——

    ● 特别害羞。我想跟你说话，可是你头都没抬。我的话到嘴边，只有忍住了。

    ● 穿得干干净净的，整个人看着很斯文，走路的声音都特别轻。

    ● 上课很认真，一直盯着老师，一边听还一边记着笔记。下课后，我看到你本子上记了一大堆，而我才记了几个字。

 接下来，小涂试着选了一两句，加到此前的文章里。

    我做事慢条斯理的，我想"安"还有安静的意思，所以特别喜欢安静的浅蓝色。看到这个色，就想起蓝天和淡淡的湖水，心都静了下来。

    小可说我特别害羞，第一次到丁丁老师创意写作魔法班，专门挑了靠墙的位置坐，也不怎么说话，特别安静，只是静静地听课、静静地做笔记。

写完后，他读了一遍，感觉以前是自说自话，现在读来显得可信多了。

 小涂灵机一动：可不可以用这个方法来写丁丁老师呢？对他的第一印象是这样的——

    丁丁老师是"想不到"老师。想不到他的课堂会有怎样的惊喜和不同；想不到他会用什么方式来讲解；想不到写作课会又演讲又采访；想不到他跟其他的老师不一样，他会全程面带微笑上课，上课下课都会跟同学深深地鞠一个标准的 90° 的躬。

他想，要是丁丁老师写自传，真希望把这段也加进去，应该挺有趣的。

2. 留意习惯性小动作

小涂又找到小琪，问自己在她眼中有什么习惯性小动作。

 小琪眨了眨大眼睛——

你喜欢用右手扶一扶眼镜右边的镜腿。不知道怎么回答问题的时候，你会这样扶一扶，有时是在思考中。

小涂很佩服小琪的观察能力，自己的习惯性小动作一下子就被她捕捉到了。

顺着这个思路，他也仔细观察了小可和小琪。

● 小可，遇到高兴或者尴尬的事，都会先张大嘴巴大笑几声，然后眯起眼睛，用右手摸摸后脑勺。

● 小琪，总是用那双闪着光的眼睛盯着某个地方，一盯就是半天；说话说到激动的时候，会用右手撩一撩右侧的刘海和头发，把头发轻轻挑起，然后放到耳朵背后藏起来。

3. 缺点要不要说出来

 小涂又想起了一个同学，犹豫着要不要说出对他的感受——

　　他是个"鼻涕王"，不仅鼻涕多，抽屉里的纸巾也多。"哼哼哼"，只要鼻涕一流出，纸巾就一张张抽出，然后再被扔回抽屉里——里面已被纸巾占满了。

　　如果实话实说，同学该不高兴了。可采访不就应该真实吗？

　　丁丁老师看出了小涂在发愁。了解到小涂的困惑后，他建议，只要是真诚的，不是嘲讽的，可以大胆说出对方的缺点。不过，说的时候要注意措辞。比如，不要说别人："一天到晚就在那儿流鼻涕，恶心死了。"可以试着说："你的鼻涕稍微有点多，是不是有鼻炎？"——表达出自己的关心，也让对方知道问题所在，并有机会说出自己的难处。

看看别人怎么写

　　我叫周语晨，我是一个"吃零食狂"。同学一见，就乐了："姓'周'哇，那我们叫你周黑鸭吧！"

　　他们把武汉最有名的小吃之一——周黑鸭，安给了我。换做别人肯定生气了，不过，我挠了挠头，想：哇，是好吃的，不错，不错！然后又一大堆绰号涌来了：白米粥、黑米粥、玉米粥……都是一堆吃的。在他们眼中，我是一个实实在在的吃货。

　　不过，还有一个同学送我一个名字：周长。他一边与同伴眉来眼去，一边"夸"我："周长呀，将来你数学肯定好！"可我偏偏"逆天改命"——数学不好。

　　　　　　　　——周语晨 湖北省武汉市洪山区卓刀泉小学五年级

 通过同学给"我"起的外号，让前面的自我介绍"我是一个'吃零食狂'"显得更有说服力了。

丁丁老师技法小课堂

侧面描写"我"

自传不仅可以从自己的角度来概括特点，还可以从他人的角度侧面了解相关情况，这样可以获知一个全面的"我"。

侧面写自己，也就是通过他人来写自己，要注意以下两个方面。

（1）方式：采访或询问

通过采访或询问的方式得到的回答，可能会让你觉得并不愉快，特别是当别人说到了你的缺点时。但即使是这样，也不要生气：对方说出你的不足之处，其实是在帮你从另外一个角度了解自己。当然，对方可能因为不了解情况，说的不全对，这时你可以解释，再听听对方的说法。

同样，我们在回答别人的采访或询问时，也要学会稍微委婉点，尽量不要伤害到别人。

（2）内容：第一印象和习惯性小动作

主要是获取两方面信息：一是他人对你的第一印象，即两个人初次见面时你给他人留下的印象。二是习惯性小动作，这常常是我们不由自主、下意识的反应。

实际上，我们在写人时，这两方面内容也能成为很有用的信息。特别是人物的习惯性小动作，这需要长期的观察才能获知，往往代表着人物的性格，写在文章里，可以成为写人的一个亮点。

　　去采访或询问一下同学和朋友，问问他们对你的第一印象是怎样的，发现你有哪些习惯性小动作。把他们的回答记录下来。

（六）真实立体的自传

小涂回到家，还在琢磨要不要明天再去问几个朋友，让他们说说自己的缺点。毕竟，课堂上的采访说的多是优点。

妈妈在厨房忙活着，大嗓门混合着番茄炒鸡蛋的气味传过来了：

"小涂，快来看！老师布置了新任务！"

小涂拿过妈妈从不离手的手机，看到丁丁老师发的一条信息——

今天的小任务：

安静地端坐在书桌前，想想自己有哪些不足或缺点。

问问爸爸妈妈，让他们说说你的缺点。

只有这样，我们才能更全面地了解自己。

1. 我的缺点可多了

小涂来到书桌前，端正坐下，闭上眼睛，深呼吸，再慢慢调整呼吸。接着，他在草稿纸的中间写下"缺点"两个字，然后画一个椭圆圈住字，再在椭圆的右上角往外画一条曲线。他在想自己的第

一个缺点是什么，好写在曲线上。这是丁丁老师创意写作课堂上一直在用的思维导图，用它来帮助大家思考，发散思维。

这对小涂来说不是什么难事，因为爸爸也时常让他反思自己所做的事情，说这样可以明得失。

不一会儿，小涂就画好了思维导图。

小涂声音小，这成了爸爸的心病，每次都在提醒他——"放松点，大声说，说错了不要紧"。这是小涂从小就有的缺点。老师说，每次回答问题，他其实都能答对，可要把耳朵凑到他身边才能大概猜出他说了什么。

挑食这个毛病，他也一直没改掉。外婆特别疼爱他，一顿饭恨不得为他一个人做三四个菜。只要他说哪个不好吃，外婆马上又去换一道菜。要是他觉得菜还是不好吃，外婆就买来各种水果和零食，摆在他面前。这样一来，他就更不喜欢吃饭了。

还有不爱运动、喜欢哭，等等。小涂一边写一边想，自己还真是让人既喜欢又讨厌，不过这样也好，感觉特别真实。爸爸早就说过，没有十全十美的人，只有不断追求十全十美的人。以前看一些写人的文章，觉得假，可能就是因为只写优点吧。

2. 还是爸妈最了解我

吃完晚饭，爸爸妈妈看了小涂画的思维导图，都竖起了大拇指。

爸爸首先开口，说起了小涂的缺点——

> 有点犟。有一次出去玩，有两条路可以走。爸爸和妈妈都说走左边的路，你偏不肯。我们强行把你带着走了左边。到了目的地，你却往回走。没办法，我们只能跟着。到了之前那个分叉口，你选择走另一边，一路绕行才又再次走到目的地。

> 还有一次，你的雨鞋掉了，让妈妈帮你穿上。可妈妈觉得你能自己穿，就继续往前走。你于是把脚半塞到雨鞋里，哭着追上妈妈，硬是把妈妈拖回到鞋掉的地方。妈妈只好帮你穿上，你这才罢休。

小涂的脸红了，有些事他依稀还有印象。当时觉得自己无比正确，只是爸妈不理解自己。现在听到爸爸说出来，他觉得自己确实有点磨人。

妈妈接过爸爸的话——

> 你啊，最大的缺点是不好好睡觉。中午不肯睡，总说自己不困，即使强行把你弄到床上，你也在那滚过来滚过去的。到了晚上睡觉，又要讲完一本又一本绘本。把灯都熄灭了，你又开始滚，还不停地说这说那，烦死人了。

小涂心想，还是爸爸妈妈最了解自己。今天晚上的这一番交流，比学校的采访收获更大。

看看别人怎么写

孟煜宸来也！

孟煜宸　湖北省武汉市育才小学四年级

我一岁半的时候，爸爸妈妈带我去见一位高人，那人说："唉，这孩子，生命中缺一把火，将来必定高冷、骄傲！"爸爸妈妈一听，马上听那人的话，给我的生命中添了一把"火"，孟新宸就变成了孟煜宸。

那把火，彻彻底底地改变了我的人生。果然，我热情了起来。只不过，我的脾气也变得火爆了起来，班上的同学都叫我"火爆辣椒"。

有一次，我们班名副其实的假小子"淘气包"把我的铅笔弄掉了。昨天晚上刚削好的铅笔就这样浪费了，我心中顿时升起一股无名火，举起"狼王爪"，使用"九阴白骨爪"，把"淘气包"打得满地找牙。这时，班主任来了，她看看倒在地上的"淘气包"，马上明白了怎么回事，为此我写了人生中第一百零五篇"习惯养成日记"。

这就是我，孟煜宸！都四年级了，后面两个字还是很少全写对。

 这篇文章文笔简练、生动幽默，特别是这两句非常精彩：（1）那把火，彻彻底底地改变了我的人生。（2）为此我写了人生中第一百零五篇"习惯养成日记"。事物之间的联系，通过几个词语就串了起来，还有一种含蓄表达的味道在里面——"第一百零五篇"，六个字就带出了背景，让我们了解到他的性格和他在学校的所作所为。

丁丁老师技法小课堂

自传要真实

自传要真实，就是不能只写优点、看不到缺点。只有优点的人物是不完整的人，也会让人觉得虚假。

（1）优点

自己有哪些优点？作为优点的性格是怎样的？故事是怎样的？

（2）缺点

我们可以先自我审视，想想自己平时有哪些不足。接着，问问爸爸妈妈或者同学，看有没有遗漏的地方。

要写缺点，绝不是要把自己的所有缺点都写出来，一无是处的人同样不真实。所以，全面了解自己之后，在写"我"时写哪些缺点，要学会取舍。写缺点，同样要写到性格是什么，故事又是什么。

写的时候可以先写优点，并作为重点来写，再写缺点作为补充。这样写出来的人物，会让人觉得更真实、更立体。

端坐在书桌前，想想自己有哪些不足或缺点。

问问爸爸妈妈，让他们说说你的缺点。

把这些思考和采访记录下来。

（七）写出多样的"我"

"今天，自传要升级了。"

小涂听到丁丁老师这样说，心里很高兴。"前面的自传是从名字的角度了解自我、介绍自我，今天要过渡到真正写'我'的文章。"课堂上，丁丁老师先给每个孩子发了一张任务纸，让大家在空白处填上关键词。

的我

1. 概括的"我"

写"我"，先要学会概括自己的特点。

中国最短且最有概括性的自传，应该是孔子写的。他在《论语·为政》中，用不到40个字概括了自己的一生：

> 吾十有五而志于学，三十而立，四十而不惑，五十而
> 知天命，六十而耳顺，七十而从心所欲，不逾矩。

孔子写自己，用了不到40个字。现在要求你只用一个词来概括自己，在空白处填上自己的性格特点。

小涂想了想，先在草稿纸上写下了：斯文、害羞、勤奋、敏感、爱学习、爱读书。后来挑选了第一个词——斯文。

小可填写的是"风风火火的我"，小琪写的是"爱做梦的我"。

其他同学填写的，还有"快乐的我""爱运动的我""爱探险的我"，等等。

2. 真实的"我"

丁丁老师扫视了一圈，满意地点点头。第一关通过了，大家理解了什么叫概括人物特点。

接下来，丁丁老师告诉大家，可以把这个填空画成思维导图，在它的右边画两条曲线，曲线上分别写"外貌"和"故事"，找出跟这一特点相关的外貌特征和故事，要真实去记录，而不是虚构。

小涂脑海中开始浮现出一幅幅画面——

外貌，之前在镜子里观察过。斯文的我，戴眼镜，穿着很干净，喜欢蓝色的衣服，走路不急不忙。

故事，想起了有次夏令营玩水枪大战。开始发水枪的时候，大家一下涌了上去，插队、争抢，还有孩子被绊倒在地。只有我一个人，没有急躁，站在圈外等着轮到自己。老师特别表扬了我，并罚其他孩子绕操场跑三圈。

小涂开始绘制他的思维导图。

思维导图画完后，小涂感觉一篇文章已经在脑海中成型了。

3. 立体的"我"

 看大家都画完了，丁丁老师出了一道选择题：

如果有一篇题为《勇敢的我》的文章，写了外貌和勇敢的故事，而且都是真实的，那你觉得里面写的"我"是立体和全面的吗？

A. 是的

B. 不是

小涂想起老师此前说过要有正面和侧面描写，还要大家采访同学，并回家审视自己的缺点，让爸爸妈妈说自己的不足。一个既有优点又有缺点的人，才是最真实、最立体的。于是，他选了 B。

接下来，丁丁老师拿出了"勇敢的我"思维导图，在它的左边画了一条曲线，曲线上写下"他人评价"。

　　丁丁老师告诉大家，他人评价，就是写别人是怎么说自己勇敢的。有些话，别人说出来，可能比自己说出来更可信。还有更高的要求：可以想想这一特点有什么不好的方面。这样，正反两方面都有，人物就更加立体了。

　　勇敢有什么不好？小涂实在想不出来——这不是优秀的品质吗？

小琪举起小手，站起来，眨眨眼睛——

　　　　勇敢也有不好的时候。有些男孩子自以为勇敢，做一些危险的事情吓唬我们。以前，我班上就有一个勇敢的男孩子，大家都害怕虫子，他一点不怕，我们还挺佩服他的。可有一次，他把一条活蚯蚓塞到一个女孩子的书里。

　　小涂睁大了眼睛，望着小琪，感叹她反应速度这么快，一下就理解了老师的意思。

　　那斯文呢？……斯文有什么不好？别人会怎么说？

小涂还真想起了一件事——

　　　　有一次，妈妈带他到游乐场。小丑在发免费魔术气球，很多小孩子去抢。斯文的他只是默默看着。气球都发完了，他却哭了。小丑走过来，问他怎么了，可他只是低着头一个劲地哭。妈妈说，他也想要气球，看到没有了，所以就哭了。小丑摸了摸口袋，还好有一个，送给了他，然后笑着说："我们可以不争抢，但也要大胆说出自己的想法，不然叔叔也不知道你想要气球啊。"

　　小涂的思维导图完成了！他感觉自己变得立体起来。

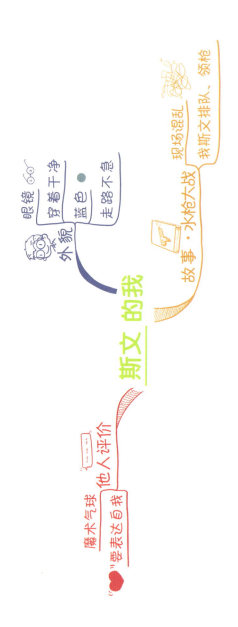

斯文 的我

外貌
眼镜
穿着干净
蓝色
走路不急

故事·水枪大战
现场混乱
找斯文排队、领枪

他人评价

魔术气球
要表达自我
"斯"

从不怕血的我

黄思宸　湖北省武汉市红领巾国际学校四（1）班

可能是因为爸爸妈妈在医院工作的原因，我从小就不怕血。

大约五岁的时候，我和弟弟一起玩耍。弟弟一不留神，鼻子摔流血了。当时，大人都不在身边，我不慌不忙地从弟弟脖子后面抽出他的隔汗巾，一边堵住他的鼻孔，一边要他把头仰着。处理完后，我才大声叫妈妈过来。

还记得有一次，我想爬到柜子上面，拿一个花费了三天才拼好的大飞机。我偷偷地把门先关好，拿三个箱子摞在一起，再加上一个板凳，放在最上面，摇摇晃晃的。我站上去，还是够不着。可是，下来的时候，脚下一滑，我从板凳上摔了下来，后脑勺磕到了柜子角上。当时就感觉到一股热流从脑袋上流下来。手往后一摸，再看，流血了。

我怕挨骂，拿了几张面巾纸，想自己止血。可过了一会儿，好像还在流血。这时，妈妈听到动静，在外面敲门。我没法子，只好开了门。妈妈进门后，首先检查了我的后脑勺，一边检查一边发脾气。她简单帮我处理了伤口，就开始检查出事现场。当看到地上一摊血、飘窗上一摊血之后，她"怒发冲冠"，在我的屁股上重重拍了几下。我心想：要是别人家的妈妈看到孩子成了这样，早都跑到医院里去了！

我的妈妈，因为在医院工作，一点也不担心伤口，总是先处理"罪犯"。后来，妈妈在带我去医院缝合的路上还教训我：今后受伤流血了，还是要寻求大人的帮助。这次的处理虽然不是很妥当，但是很镇定，也很勇敢。要不……等会儿缝针，就不打麻药了吧！我一下子就晕了。

 这篇文章写出了"我"鲜明的个性。标题就抓住了"我"的特点——不怕血，后面两个故事都围绕着这个特点来写，一略一详，主次分明。结尾很有意思，有一种意外的效果——虽然"我"不怕血，但其实"我"也并不是有多勇敢。并且通过妈妈的话，让读者看到了"我"特点中不好的方面，人物形象显得更真实、更立体了。

丁丁老师技法小课堂

有个性的"我"

　　想写好自己，需要把握一个原则：有个性。怎么做到呢？我们前面讲到的三个方面，就是有个性的三个层次。

（1）概括的"我"

　　概括的"我"，就是先给这篇写自己的文章找到一个中心。

　　写任何文章都要围绕中心，这是写作的最基本要求。写自己之前，先要找到一个关键词，概括出自己的特点，给文章明确一个中心。后面的文字，不论是优点、缺点，还是故事，都要围绕这一特点展开。

（2）真实的"我"

　　很多文章喜欢把人写成道德上的完人，把写作对象变成人们膜拜的雕塑。比如，一说到工作尽职尽责，就是母亲病重甚至去世都不回家；一说到有突出贡献的科学家，就是甘于清贫，拿着低廉的工资，穿着打补丁的衣服，还要把自己的一切奉献给事业。这虽然把人物写得很高尚，但这样的"完人"似乎不具备常人的感情，看起来并不真实。

（3）立体的"我"

要想让人物看起来更立体，就要学会站在他人的立场，让文章里所呈现出的人物是从多个视角看到的结果。

比如，可以在文章中穿插几句别人的叙述；或者，某种"优秀的性格"在其他人眼中却成了缺点，并有相关故事来支撑。当然，后面一种情况要注意分出主次，可以把优点故事作为主打，缺点故事作为补充。具体到写作时怎么做，可以对照下面这幅思维导图来完成。

总的来说，要想写出"有个性"的我，先要思考自己的特点是什么，这就是概括的"我"，也是写作的中心。接着，思考跟这一特点相关的外貌是什么，再到跟特点相关的故事，这就是真实的"我"，写自己的真实故事。最后，是他人评价，这就是立体的"我"。

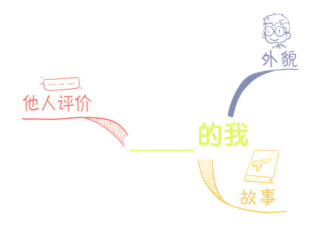

　　先把题目补充完整，然后写一篇文章。围绕选择的特点，写真实，写出他人的评价。

　　　　　　＿＿＿＿＿＿＿的我

（八）"我" 文章变成其他文章

课堂上，丁丁老师让大家谈一谈对创意写作的体会。

 几次课下来，小涂已经发现了不少乐趣和不同——

> 我觉得特别有趣，感觉没有以前学写作那么多的框框，很多事情都可以写进文章里。而且文章好像就藏在生活里一样，拿来就行了，但拿的过程充满趣味，有变魔法般的感觉。

 丁丁老师满意地点点头，开始布置今天的任务——

> 继续挑战写"我"的文章，要有创意地写。

还要写"我"？还要有创意地写？

这下，孩子们都懵了。

1.形式多样的"我"

丁丁老师告诉大家，写自己的文章形式多种多样，比如记叙文、公告、图文说明、推荐信、剧本、诗歌、建议书、启事，等等。

这是自传写作，在生活中的用途很广泛。比如，你想认识一位教授，知道了他的邮箱，要写封信推荐自己，这封信就是自传。假设记者来采访你，为你写了一篇专访，这篇专访也可以是自传。你还可以用跟读者、网友聊天的形式写出来，或者尝试电影的形式，截取人生中的几个镜头片段，用它们串起你的一生。

小涂心里有了想法，他觉得可以写封自荐信来介绍自己。他一直想加入学校的文学社，那就写自己多么爱阅读和写作，可以做些什么。

小可想写份建议书，指出自己的缺点，然后想着怎么去改进。

小琪呢，她也想到用书信的形式来介绍自己，但这封信是写给自己的；或者写一两个电影小镜头，展示生活中的自己，会显得更生动有趣。

2. 不同视角的"我"

"如果题目叫《我的小主人》，用文具的口吻来写'我'，这样的文章，你喜欢看吗？"丁丁老师问大家。

肯定喜欢啊！小涂想，要是"我"是一个爱画画的孩子，文具肯定是各种画笔，它们来讲"我"是一个怎样的人，可太有趣了。

 丁丁老师又抛出一道判断题：

题目叫《我的小主人》，以篮球的视角来写"我"。"我"是一个特别文静的男生，喜欢做各种走迷宫的题目。这样写，合适吗？（　　　）

小涂画了一个大大的"×"。喜欢走迷宫？那就应该以迷宫图的视角来写，和篮球有什么关系？

他明白了老师想说的——选择的物品要符合"我"的爱好和特点。比如篮球，就应该是小可的选项——他那么喜欢运动。可以通过篮球的视角，去介绍"我"是怎样的，有怎样的外貌、性格和故事。

 小涂一抬头，看见丁丁老师又出了两道填空题，他念道：

　　喜欢思考，用_____的口吻来介绍"我"。

　　喜欢写作，用_____的口吻来介绍"我"。

　　小涂分别填上了"书本"和"钢笔"。他还想好了要用什么来介绍自己——眼镜。

3. "我"变成其他文章

　　为了让孩子们了解"我"的变化，丁丁老师接着展示了《细菌世界历险记》第一章"菌儿自传"里的一段文字——

> 　　我原想取名为微子，可惜中国的古人，已经用过了这名字，而且我嫌"子"字有点大人气，不如"儿"字谦卑。
>
> 　　…………
>
> 　　我的身躯，永远是那么幼小。人家由一粒"细胞"出身，能积成几千，几万，几万万。细胞变成一根青草，一把白菜，一株挂满绿叶的大树，或变成一条蝗虫，一只蜜蜂，一头大狗，大牛，乃至于大象、大鲸，看得见，摸得着。我呢，也是由一粒细胞出身，虽然分得格外快，格外多，但只恨它们不争气，不团结，所以变来变去，总是那般一盘散沙似的，孤单单的，一颗一颗，又短又细又寒酸。惭愧惭愧，因此今日自命做"菌儿"。为"儿"的原因，是因为小。①

　　在高士其笔下，平时看不到的细菌就像一个活生生的孩子。通过自传的方式，作者一下拉近了细菌和读者之间的距离，让我们读起来觉得既有趣又获得了知识。

　　这是用自传式的"我"文章变成科普类说明文。小涂想到，可

---

① 高士其.细菌世界历险记.北京：北京日报出版社，2016：2.

以用"我"来介绍种子的生长。他看过丁丁老师的《思维导图阅读：能模仿的写作》，这本书里介绍过这种方法，就像张吾墨同学的《"小不点"的成长日记》里写的那样——

> 我是一颗小绿豆，小主人默默给我取了个好听的名字，叫"小不点"。今天，我领着我的好朋友们和小主人一起来经历一次奇妙而又精彩的"成长之旅"。

其实，写话题类的议论文，也特别适合用"我"文章的方法。比如，以《一条鱼的自述》或者《一条河的自述》做题目，通过这种类型的自传达到说理的目的，让大家重视环境保护。

小涂的思路一点点被打开，他想起学校里总有孩子乱丢馒头、乱摘花，这些不好的行为，就可以用《一个馒头的自述》或《一朵花的控诉》来写，让大家明白浪费粮食是可耻的，乱摘花也是错误的。

一封特别的信

杨维康　湖北省武汉市七里小学三年级

未来的自己：

你好！

当你打开这封信时，已是十年后，你已经长成一位健壮帅气的小伙子了吧？

你是否在自己梦想中的大学——斯坦福大学读书呢？我想，应该是的吧！你肯定在实现儿时的梦想——研究恐龙吧？

"喂！快快快！快来实验室，恐龙要诞生了！"约翰大声叫道。你立马将恐龙蛋放入特殊的孵化器中，并按下 A、B、C 三个黄色按钮。四十八小时后，约翰兴奋地叫道："查理，我们的实验成功了！一只健康的三角龙宝宝诞生了！"

约翰是你的幼儿园同学，你们两人喜欢凑在一起谈论各种恐龙，绘画本上除了恐龙什么都没有。你们还把不同的恐龙名称作为外号安在了老师、同学身上。

或者，你走上了人生的另一条路——当演员。"Three, two, one, action！"你正在演一位大侠，对吗？你可真帅呀！穿一副金光闪闪的铠甲，手持一把青色的断念剑，站在高高的屋顶上，正在和一个邪恶的坏蛋搏斗。经过三百回合，你终于制服坏蛋，救出了可怜的老妇人。老妇人连连道谢。导演说："Cut，演得非常精彩！"

这时，你卸下铠甲，拖着疲惫的身体回家。走在深秋的街道上，风很冷，但你心里却暖暖的。

这是你儿时的梦想。你的梦想是否成真了呢？我想对你说："只要你努力，一定可以的，加油！"

祝成功！

杨维康

2016 年 11 月 4 日

 杨维康的这篇自传，形式灵活，结合了书信体和电影体，整篇文章画面感满满，完全就是广告片的拍摄手法——一小段、一小段的故事叙述，这个广告片的名字可以就叫《梦想》！

丁丁老师技法小课堂

"我"会变魔法

学习写自己，不是简单地写一篇自己的小自传，而是可以把"我"变成众多文章类型的主人公。

（1）形式多样

写"我"不只有记叙文一种形式，还可以把各种应用文体用起来，灵活使用，这才是写作的趣味和创意所在。但要注意，文体的形式可以多变，"我"的特点仍然要集中。不管用什么形式来写"我"，都要先概括出自己的特点，然后围绕这个中心来写。

（2）不同视角

让"我"经常使用、打交道的物品成为代言人，从它的视角看"我"，这样写就很有新意。

选的物品要和"我"的特点相契合，这样文章才能一直围绕着特点展开。

（3）其他文章

用拟人的手法，把"我"变成物，就可以用来写科普类说明文和话题类议论文。这样写的好处是，遇到生硬的内容能够写得很生动。

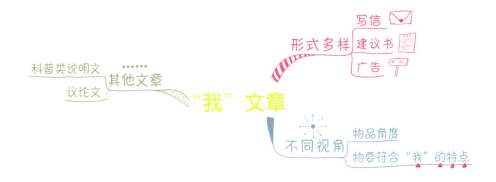

　　找找自己打交道最多的物品，想想这个物品能体现自己什么特点，然后以《我的小主人》为题，以物品的视角写出"我"的特点和故事。字数400字以上。

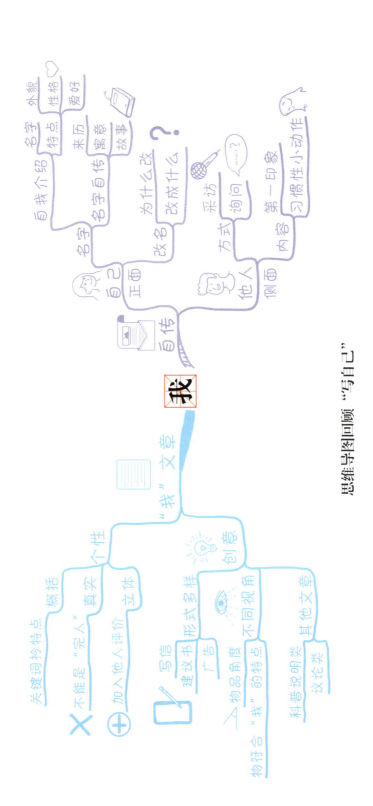

思维导图回顾 "写自己"

二 写家人：
怎么写出流泪的味道

　　爸爸妈妈是我们最熟悉的人，站在一堆人里，绝对一眼就能认出来。可在孩子们的文章里，他们都成了一个模子里出来的面具人，看不到真实的脸，只有单一化的面目。

　　比如，一写妈妈，就是打伞送"我"上学或接"我"放学，然后必定淋湿自己；半夜"我"生病，妈妈总是亲自背"我"上医院……看这样的文章，你会觉得普天下的妈妈都是一个样子，甚至有种全体智商不在线的感觉——难道就没有一个妈妈会拿两把伞去接送孩子吗？难怪都是 30 多岁就头上长白发——这都是套路害的，制造出一个个大众脸的爸爸妈妈。

　　那真实的爸爸妈妈呢？

（一）抓最显著的外貌写

写爸爸，是丁丁老师新布置的任务。

小涂现在对写作的信心增加了不少。他知道，写爸爸肯定也要写外貌、性格和故事。他提笔唰唰唰就完成了。只不过在写外貌时，他偷了懒，不想却摊上事了。

1. 文章里的双胞胎爸爸

 课堂上，丁丁老师微笑着说："今天玩个小游戏，我念一段文字，觉得像你写的，就举起手来。这里的像，指整体意思像，不是每个字都一样的像。"随后，丁丁老师念道——

> 我爸爸乌黑的头发，浓浓的眉毛，眉毛下面是一双炯炯有神的眼睛，还有一个高高的鼻子和一张大大的嘴巴。他身材高大，脚上经常穿一双皮鞋。

三个孩子举起了手，都说像自己写的。

 丁丁老师又开始念第二段文字——

> 爸爸有一张清瘦的脸，鼻梁上架着一副眼镜，额角上还有几条明显的皱纹，头发中夹杂着一些白发。

这一次，小涂和小可举起了手。

"发现了吗，这些爸爸好像双胞胎，一个个长得这么像。"丁丁老师笑着感叹。

　　小涂脸都红了。想不到昨天偷懒，随便用了一些以前看过的外貌描写用语，就跟小可撞了车。小涂还记得，有些写作书还列出了一些好词，写爸爸时可以用——

　　　剑眉、浓眉、健壮、高大、英俊、高鼻梁、棱角分明、
　　炯炯有神、饱经沧桑、精明强干、雷厉风行……

2. 我爸爸跟你爸爸不一样

　　这时，黑板前的屏幕上出现了一张照片。

　　"啊，那是我爸爸的照片！"小可的高音一下打破了教室的宁静。

　　紧接着，屏幕右边又出现了一张照片。小涂惊讶地发现，那是他的爸爸。照片下面有六个字：生活中的爸爸。

生活中的爸爸

　　两个爸爸的照片放在一起看，太不一样了。小可的爸爸长得强壮，手臂上有着运动员一样鼓鼓的肌肉，脸方方正正的，头发乌黑发亮，没有戴眼镜。小涂的爸爸长得瘦弱多了，脸白净、平整，留着很精神的短发，戴着一副眼镜。

小涂明白丁丁老师的用意了：这是说大家不认真观察，明明两个爸爸差异很大，写在文章里却成了双胞胎。果然，屏幕上又出现了两张照片和一排字：文章里的爸爸。自己独特的爸爸变得跟别人的爸爸一个样了。

文章里的爸爸

3. 给爸爸画个简笔画

丁丁老师想看看大家画画的功底——画一幅爸爸的简笔画。他解释说，简笔画要抓住人物最重要的外貌特点，舍弃掉其他的外貌特点。

小涂画了一个戴着眼镜、面带微笑的爸爸。没有画皱纹，也没有画白发，因为爸爸没有这些。

再瞟一眼小可画的：画中的爸爸一看就是运动员，强壮有力。小琪的爸爸一看就是画家：头发留到了耳下，手中握着画笔，正盯着远方。

丁丁老师让大家对着自己画的简笔画，再来写一写爸爸的外貌。

小涂琢磨了 1 分钟后，写下——

　　　　我爸爸长得很清瘦，脸上总是带着笑，笑起来还会有两个浅浅的酒窝。他戴着一副金丝边眼镜，眼镜后面藏着一双明亮有神的眼睛，总能发现一些新奇的事情和动植物，一看到就会盯着琢磨半天。

对比之前写的，小涂心里舒坦了：现在才是生活中真实的爸爸，之前那个就是老师说的"面具人"。

看看别人怎么写

爸爸不管什么时候都驼着背。吃饭的时候，弯下去吃米饭跟坐起来的时候背弯的弧度都是差不多的。有时，妈妈直接上手拉。可爸爸的背就像一块硬木头一样，妈妈手一松，就变成原来那样。

——应宁蕗 湖北省武汉外国语学校小学部五（6）班

 这一段外貌描写不长，但非常精准地抓住了爸爸总是驼着背的特点。特别是妈妈上手拉，但手一松爸爸就还原的细节，很有画面感。

丁丁老师技法小课堂

抓住最显著的外貌特点

人物的外貌从头到脚，可以写的内容很多，我们在文章里只需抓住最显著的、跟其他人不一样的地方来写。

（1）不能抄袭

一些作文选里列举了不少套路式外貌描写，不是教孩子去观察真实的人，而是在有限的字词里进行排列组合，这样写出来的外貌看起来全面，实际却是虚构出的千篇一律的面具。我们在写外貌时，更不能想当然——好像中年男子就必须是那样的。

（2）认真观察

画简笔画，是从形象的图像到抽象的文字的中间一步。相比直接从图像到文字，先从具体的图像过渡到抽象的图像，会更容易完成。

简笔画只需要勾勒出几笔，但要把人物最主要的外貌特征画出来。它不是高度还原的"形似"，而是特征明显的"神似"。

此外要注意，外貌并不是写人的重点，文章里不需要写太长。

外貌描写

　　仔细观察你的爸爸，画一幅简笔画，并写下他的外貌特点。

（二）抓住动态写外貌

小涂爸爸看到简笔画和文字，觉得挺生动，说小涂已经慢慢找到感觉，能写出比之前更真实、更有个性的文字了，这种思维的开启比任何东西都重要。小涂也这么觉得，不过他很好奇，丁丁老师接下来还有什么新的要求在等着他们。

1. 不好，爸爸被定住了

 今天，丁丁老师又展示了两篇《我爸爸》习作的开头，让大家说说有什么问题——

> ● 我爸爸个子不高，胖墩墩的，黝黑的脸庞，乌黑的头发，长着一对可爱的小虎牙。他特别爱笑，印象中没有动手打过我，也没看他哭过。
>
> ● 我爸爸长着一张引人注目的大嘴巴，这张嘴巴的"功能"可多了，睡觉时流口水，吃饭时变成咀嚼机……当然，他最大的特点，就是"贪吃"！

小涂觉得挺好的：都抓住了人物的外貌特点，而且写得也不长。第一段文字里的爸爸，最大的特点是爱笑。第二个最大的特点是爱吃。

见没人找出问题，丁丁老师又放了一张孙悟空定身术的照片。

"我们笔下的爸爸，像不像被孙悟空施了定身术一样，就那样傻傻地站着，等你去描？"

哦！原来是这个意思。不过小涂心想，我们一直都是这样写人的啊。开头第一段写外貌，接着写故事，最后结尾再点下题。

可一直这样就代表没问题吗？

2.动态中走出来

这时，丁丁老师说，大多数时候人都是在一个具体的场景中处于动态中的。比如，在篮球场看到他，在游乐场看到他，分别是什么样的？相比在第一段写静态的外貌，我们这样去写外貌，会显得更真实、更生动。

 小涂听丁丁老师这样说，还是有点不太懂，不过这次他大胆地举起手来提问——

　　丁丁老师，是说第一段就写外貌不行吗？

 丁丁老师表扬了小涂敢于提问，说他到班上后变化挺大，接着解释——

　　第一段写外貌是常规写法，我们创意写作就是要寻找更好的表达方式：动态写外貌。也就是说，开头人物的出场是带着动作的，再带出相关外貌。在具体故事中，也可以写外貌，因为人在做事的时候，外貌也会有一定的变化。这样一来，外貌就不是一成不变的，而是跟着人物活跃在整篇文章里。

 见大家还是有点不太明白，丁丁老师出示了一段名家作品，让大家欣赏——

生活留给我最初的记忆是母亲坐在一棵白花盛开的梨树下，用一根洗衣用的紫红色的棒槌，在一块白色的石头上，捶打野菜的情景。绿色的汁液流到地上，溅到母亲的胸前，空气中弥漫着野菜汁液苦涩的气味。那棒槌敲打野菜发出的声音，沉闷而潮湿，让我的心感到一阵阵地紧缩。

——莫言《母亲》

这段开头描写的，是母亲捶打野菜的场景。这是一个有声音、有颜色、有气味的画面，动感又丰富。同时，我们知道了母亲的身份是农民，还知道了她的性格——乐观、坚强。

丁丁老师问："如果不用动态来写，而是进行常规的静态外貌描写，你会怎么写这一段？"

 小涂想到的是——

我母亲是个农民，穿着朴素的粗布麻衣，皮肤灰暗，常年累积下的风霜在脸上留下深刻的痕迹，一双眼睛满是经历风霜后的沧桑。

小涂对比了一下，发现确实不如动态写得生动。

看看别人怎么写

爸爸的最怕

刘思睿　湖北省武汉外国语学校五（4）班

"爸爸！就陪我坐一次过山车嘛，求求您了！"

坐过山车是爸爸的最怕。一个身高一米八的大汉可以瞬间缩成一个"小矮人"——颤抖的左手捂住发烫的脸，眼睛眯成一条缝；右手直朝我摆手，头也疯狂地左右摇晃着。

我略带埋怨地说："爸爸，您可是堂堂男子汉呀！瞧，连我都不怕呢！"

爸爸刚张开嘴准备解释求饶，就被我和老妈一人抓住一只胳膊硬拽到了过山车上。看着双目紧闭的老爸安稳地坐下，妈妈朝我做了个鬼脸就匆匆从出口闪开了。

车缓缓开动了，像进入了隧道。突然，眼前一片漆黑，只有头顶上几颗颜色各异的"行星"和"恒星"闪烁着微弱的光芒，给爸爸惨白的脸蒙上了一层太阳的金黄色。这是一辆星际过山车，感觉好像到了真正的太空，稍不注意就会坠入无底星河。爸爸仍紧闭着双眼，两手死死抓住压在腿上方的安全扶手，把头靠近我的肩膀，轻轻地抖动着。

突然，我们就像被发射出去一样，在无边无际的"星空"中急速穿梭。风从我耳边"呼呼"呼啸而过，好凉爽的感觉！我不经意地看了一眼身旁的爸爸：他两手死死地抓住安全杆，把头埋得低低的，两腿不停抖动着，像一只缩头乌龟。我偷偷地笑出了声。突然，一声刺耳的尖叫声直击我的耳膜。一定是我老爸！那尖叫声还在持续，我把头转了过去——天啊，他的脸比他的大红色外套还红！

过山车体验很快就结束了。我意犹未尽，解开安全带后飞快地跳下车，大声叫着："还想玩！还想玩！"爸爸却连站都站不住，扶着扶手刚准备起身，就瘫倒在椅子上。

我一看，连忙跳进车里搀扶他的手臂，扶着他慢慢地站了起来，一点一点挪到出口。爸爸像一团软绵绵的海绵瘫坐在出口的椅子上，脸依然那么红，大口大口地喘着粗气："快把我的包给我！快！"

我十分不解，但还是从储物柜里拿出爸爸的背包，一路小跑，拎着沉甸甸的背包，递给了他。

爸爸连忙接过背包，拉开拉链，从中掏出一个小葫芦般的小瓷瓶，打开盖子，倒出几颗药丸放在手心，把药丸迅速塞到嘴里。我看着瓶子上的字，不禁把嘴巴张得老大，往后连退几步——救心丸！

爸爸居然有心脏病！妈妈和我都十分吃惊，连忙跑到爸爸身边嘘寒问暖，还租了一辆轮椅，充当爸爸的"专车"，又是喂水又是赔礼道歉，把爸爸弄得不知所措，脸都红了……

我们以后可再也不敢把他拉上过山车了——至少我们知道他不是胆小鬼！

前面先描写了爸爸听到要坐过山车时害怕的样子，抓住了爸爸害怕时的外貌特点。后面坐过山车的过程中，又几次写到了爸爸害怕的样子，字数都不多，但爸爸的外貌一直伴随着故事的进展和心情的变化而变化。这种动态的外貌变化，让人对爸爸的怕留下了深刻的印象。最后才揭晓爸爸怕的原因，达到了曲折的效果，也让人感受到爸爸对家人的爱。

丁丁老师技法小课堂

具体场景开头

外貌描写有两种方法：常规和动态。

（1）常规

常规就是在文章的开头写外貌，后面就不再写外貌了，是一种相对静止的描写。

（2）动态

动态的外貌描写分两种情形。

第一种是开头写场景，带出外貌。写人就像电影里人物出场一样，你想让他以怎样的方式出场？如果只是一张死板的照片，那肯定不太受人欢迎。如果是一个动态的镜头——人物正在做什么——然后推近、再推近，看清楚长什么样子，这样让人印象更深刻。

写爸爸的时候，你可以在脑海中回忆爸爸最重要的特点，哪一个场景能体现出来，你就选取这一场景，然后放在文章的开头。如果爸爸很贪吃，出场就可以设计成爸爸在吃东西。

第二种是后面再写外貌。把人物的特点通过具体的事情体现出来，人物的外貌可能在不同的事情中还有不同的特征表现，此时外貌就可以不断地写到，而不是只写开头一处。这也是一种动态描写。

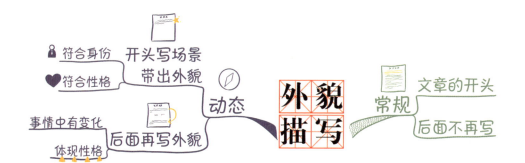

符合身份

符合性格

开头写场景
带出外貌

动态

事情中有变化

体现性格

后面再写外貌

外貌描写

常规

文章的开头

后面不再写

每课一练

　　你想好写爸爸哪方面的特点了吗？给你写爸爸的文章取个题目，然后写一段开头。

　　你的开头要动态呈现人物，也就是说要有具体的场景，这个场景中爸爸在做什么、有哪些动作，并带出相关的外貌特点。

（三）只选人物的一个性格写

　　爸爸的危机算是解除了。几次训练后，小涂对自己写的爸爸还比较满意。可新的写人挑战又来了——丁丁老师布置了一篇写妈妈的文章。

　　小涂用前面学过的技法，抓住妈妈最重要的外貌特点——胖得可爱，并把这个特点放在一个动态场景中来写——

　　妈妈留着短发，胖胖的脸蛋上有一些斑点。胖胖的身子，晚上睡觉靠过去总觉得暖洋洋的。一到晚上睡觉的时候，妈妈先是扮演温顺的绵羊，轻轻拍着我和妹妹。要是拍了 5 分钟我们还不肯入睡的话，妈妈就变成了声音洪亮的狮子。

　　小涂心想，这次应该不会和别人的妈妈"撞脸"了吧。

1. 小可的妈妈怎么了

写作课上，丁丁老师先展示了一篇文章，让大家看完后谈谈看法。

妈妈

　　我的妈妈是一家服装公司的高管，她每天的工作比较忙，总是六点到家。

　　妈妈总是无时无刻地在照顾我、担心我。

　　妈妈的脾气像七月的天气特别爱变，有时温柔得像晴朗的艳阳天，有时却像狂风骤雨的阴天。就比如，我考了100 分，妈妈高兴得像喇叭花一样；我考了 80 多分时，她却生气得在头上冒出了一大片、一大片的"野花"。

妈妈有个特点：坚强。她总是装作坚强。就拿一件事来说明：我的外婆在前年得了癌症，妈妈一直不哭，每当去医院时她像什么事也没有发生一样。一开始，我一直认为，妈妈没有孝心，连尊老都不懂。但是，我错了。过了不久，妈妈看出了我心里面的想法。

妈妈解释："我不是不想尊老，因为每次帮外婆做事，我都想哭，为了不让你看到，我忍着到你去上学了才来帮外婆。"我顿时明白了。

我的眼泪不自觉地流了下来……

 没等大家看完，小可就站了起来，右手摸了摸后脑勺，说——

丁丁老师，这是我写的，可能写得不太好。

 丁丁老师微微一笑，示意小可坐下——

表扬小可，能勇敢地面对自己的文章。看得出来，这篇文章写得很真实，人物的特点和事情都是真实的。可读完之后，大家有什么感觉呢？

小涂觉得，妈妈给人的印象有点模糊，性格不太清晰。第一段写妈妈是高管，很忙；第二段跳到妈妈总是无时无刻地在照顾我、担心我；第三段又写到妈妈脾气变化多端；第四段起又写到妈妈的坚强。那妈妈到底是怎样的人？跟其他人的妈妈有什么不一样？

2. 删掉两个试试

丁丁老师让小可先删掉两个特点。

　　小可考虑了一下，先删掉了"很忙"，又删掉了"脾气变化多端"。最后，他留下"坚强"。他最佩服妈妈坚强这一点，想只把坚强的故事写清楚。

　　看到小可的修改，小涂琢磨起自己的文章：妈妈一下子是绵羊，一下子是狮子，这不是两个特点吗？如果只总结一个特点，那是什么呢？

　　对，就叫性格多变！题目要不就叫《性格多变的妈妈》，或者《捉摸不透的妈妈》。要写这个特点，外貌上可以抓眉毛，因为妈妈的眉毛变化挺大的：生气时，眉毛皱在一起，感觉眉毛中间的皮肤被两辆车挤压了一样；高兴时，眉毛就舒展开来，一道黑线铺得很宽。

　　小琪写的是《多动症妈妈》：一个闲不住的妈妈，不是运动就是做家务，沙发跟她没什么关系，很少看到她坐下来休息。丁丁老师还念了几个同学的题目，分别是《妈妈的耳朵》《怪眼睛妈妈》《爱捏耳垂的妈妈》《"鸡蛋大侠"妈妈》《月末愁妈妈》。听着就特别带劲儿，小涂很想看看具体写了什么。他想，莫非这又是丁丁老师送给我们的一个魔法？

"鸡蛋大侠"妈妈

欧阳铭悦　湖北省武汉市武昌武泰闸小学六年级

"宝贝闺女，我在做好吃的，快回来哟！"走在放学路上，电话里传出了妈妈亲切的呼唤。可在我看来，"好吃的"这三个字背后正散发着恐怖的气息。

最近，爸出差了，也就是说我们家的"主厨"不在家了，做饭的重任就落在了妈妈身上。爸爸出发前告诉我，等他回来再给我"大补"——因为我妈在做饭这方面实在不敢恭维。

妈妈系上围裙，用纤细的手握紧了锅铲："我绝不会饿到你的。"五分钟后，一碗西红柿炒蛋上桌。我一尝，嗯，还不错，挺好吃的。

可过了几天，我发现了一个严重的问题。第一天，西红柿炒蛋；第二天，黄瓜炒蛋；第三天，丝瓜炒蛋……从中提取出一个关键词：蛋！第四天，当一盘韭菜炒蛋端上桌时，我再也忍不住了："妈，咱能换点口味，不吃蛋了吗？"

妈妈眨着她那双迷人的双眼皮大眼，可怜巴巴地说："宝贝闺女，我好像只会做这。再忍几天，你爸回来做好吃的给你，啊！"我表示无奈。

妈妈有了个新外号"鸡蛋大侠"。又吃了几天妈妈的"鸡蛋全宴"后，爸爸终于回来了。

可发生了一件更恐怖的事——妈妈竟迷上了做饭！理由很简单：我可不能让咱宝贝闺女嫌弃，做饭挺简单的，就是要练！我们父女俩哭笑不得。哭是因为又得吃各样的"黑暗料理"了，笑是因为被妈妈那亮晶晶的眼睛里的一种叫坚定的东西所感动。

终于有一天，回家后，妈妈又兴奋地说："宝贝闺女，你看这花好看不？"

原来，妈妈的兴趣来得快，去得也快，她又迷上了养花。在短短的一段时间内，我家又变成了花园。妈妈也由"鸡蛋大侠"改行成为"园艺达人"。主厨的任务也重新交给了爸爸，可我突然有点怀念"鸡蛋大侠"的"鸡蛋全宴"呢。

题目巧妙地选择了妈妈只会做鸡蛋的点，让人一看就想继续往下读。文章对妈妈的外貌描写用语不多，但两处都抓住了眼睛，让人印象深刻。整个故事围绕着妈妈不会做饭展开，最后的结局却有一种意外的效果，写出了一位三分钟热度的妈妈，也是一位很有特点的妈妈。

丁丁老师技法小课堂

选择人物的一个性格

写人，要考虑清楚这个人跟其他人最大的不同是什么。每个人都是复杂的，会有多种性格，但在一篇简短的文章里，不能样样都介绍，要学会取舍。

最关键的是选一个性格基调。可以先把人物的性格词语都写在草稿纸上，然后一个个来考虑，哪个最有特点，我们就选择哪个。

围绕性格基调，可以从三个方面来完成文章。

（1）文章题目

题目尽量不写《我的爸爸》《爸爸》《我亲爱的妈妈》等，可以把选择的性格写在题目中，这样能进一步凸显人物的不同。

（2）相关外貌

围绕性格选择相关外貌，其他的外貌特点可以舍弃。可以用上动态中写外貌、多处写外貌的方法，展示外貌的变化。

（3）相关故事

故事也一样，一定要围绕所选择的性格特点展开。不论什么类型的文章，围绕中心写作都是一个最基本的要求。

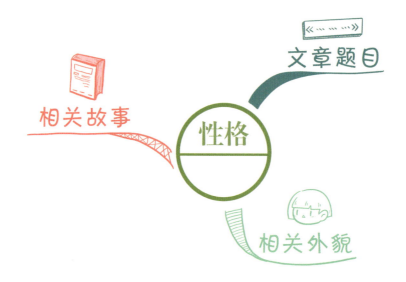

相关故事

性格

文章题目

相关外貌

这一次，你的写作对象是妈妈，想想妈妈有什么最重要的性格特点，然后完成下面思维导图的填写。

（1）先把题目写下来，要求题目中含有性格特点。

（2）妈妈哪方面的外貌跟这种性格特点有关联？

（3）妈妈哪些故事跟这种性格特点相关？

（四）"三选一"保你素材独特

今天的创意写作课堂上，丁丁老师训练的是选择题。这是小涂不太喜欢的，他有点选择障碍症。比如上周末，爸爸问他："我们去动物园、植物园，还是游乐场？三个只能选一个。"结果，他在三个之间想了半天也定不下来，觉得都挺好的。小涂有点发愁。

1. 被选择题搅乱的心

丁丁老师展示出他的第一道选择题——

《努力的妈妈》写了以下三件事，现在选出一件你觉得最特别的事。（　　　）

A.妈妈在安排我睡觉之后，还会在书桌前看一会儿书，都是有关怎么做好文秘的书。

B.妈妈不擅长做菜，但经常看做菜视频，不断努力改善厨艺。

C.妈妈生下弟弟才2个月，又赶上新冠疫情，可她闲不住，找了份物流客服的工作忙活起来。

第一题就把小涂难住了。他觉得这三件事都挺好的，都能体现出妈妈很努力。

小可第一个举手，他选择了B，并解释——

要是我有这样一位妈妈，那可高兴坏了：天天想着法子给我做好吃的。我妈妈就不会做菜，也不肯学做菜的方法。

大家都笑了，这样的妈妈确实值得我们去爱。

小琪选择了 C，她觉得——

C 比较独特。妈妈没有闲着，还找了份工作。这得多努力的人才能这样自觉？

听小琪这样一说，小涂觉得 A 好像确实普通了点：虽然比起一般的妈妈，这位妈妈已经不错了，还在自学，但比起 C，分量就不太够了。

丁丁老师表扬了小琪的选择。面对几件可选择的素材，要尽量选独特一点的，就是一般人想不到或者做不到的。接着，第二题又来了——

《淘气的妈妈》写了以下三件事，现在选出一件你觉得最特别的事。（　　　）

A. 我早上不肯起床，妈妈垂下她的长头发，拍打我的脸，说是"下雨了"。

B. 晚上我看书，妈妈拿着一顶帽子扣在我头上，然后说"套圈，套着一个小孩"。

C. 我放学回家，轻手轻脚准备去吓唬妈妈，哪知道她从背后一声怪叫，吓得我跳了起来。

小涂刚刚找回一点自信，这道题一来，又给弄没了。在他看来，这三件事都特别有意思，随便哪件都可以写成一篇不错的文章。

丁丁老师见每个答案所选的人都差不多，难分胜负，就提供了一个关键词——互动，要求大家找找"我"和妈妈互动比较多的一件事。

哦，那肯定是 C。"我"本想吓唬妈妈，反倒被妈妈吓住了，这个比妈妈单纯捉弄"我"有意思。小涂边想边笑。

2. 素材之间的较量

 选择题做完了，丁丁老师又有新任务——

在思维导图的中间写上妈妈的性格特点，然后画三条曲线，想一想妈妈跟这一特点相关的三件事，就像下面这张图：

或者，在思维导图的中间写上妈妈，然后画三条曲线，随意想妈妈的三件事，就像下面这张图：

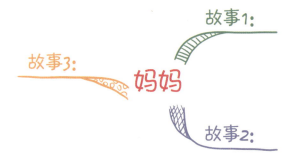

丁丁老师解释说，第一种情况，是已经确定了妈妈最重要的特

点，围绕特点来选择故事。第二种情况，是没有想好特点，先浮现相关的事情，再由事情来确定特点。

 小涂还是想用之前定下来的性格特点——捉摸不透的妈妈。他想起了三件事：

A.数学没考好，想着回家会被妈妈骂一顿。没想到，妈妈接过试卷，却微笑着说："下次努力就可以了。"晚上我被电视剧迷住了，妈妈过来一把关掉电视机，大声骂我不自觉，还强行把我摁到学习桌前，让我订正完试卷上的错误才能睡觉。

B.我和同学玩联机游戏，沉醉其中。妈妈生气地断了电，并断了网。到了晚上，她又过来向我道歉。

C.妈妈生病了，吃完药后昏昏沉沉的，饭都没做，交代我们不要打扰她休息。我轻轻地推门，还被她骂了一顿。可晚上 12 点，爸爸接到爷爷打来的电话，说奶奶不舒服，妈妈一下子就爬了起来，开车到爷爷家，把奶奶送到医院，直到早上 7 点多才回来休息一下。

小涂按照丁丁老师教的方法，绘制了思维导图，最终选择了 C。这件事里，妈妈对奶奶的关心和爱，让他觉得特别感动。

故事3：病了不想动 却送奶奶去医院

故事1：数学没考好，先微笑后骂人

捉摸不透 的妈妈

故事2：联机游戏，先骂人后道歉

小可还在犹豫选择妈妈哪个特点，后来干脆决定先列事情。

A. 妈妈国庆节前承诺，要是学习认真，就带我去游乐园玩。可国庆节到了，她却翻脸了，不肯带我去游乐园。

B. 妈妈记忆力不好。家里东西放在什么位置，她总是记不起来，每次都找半天。

C. 妈妈是小区的"辩论王"。一旦有什么不好解决的问题，需要理论的，大家总是找到她，让她去辩论。她跟小区保安、经理、租户、城管等都辩论过，每次都是有理有据。

思维导图一填完，小可果断选择了第三个故事，题目都想好了，就叫《小区"辩论王"》。

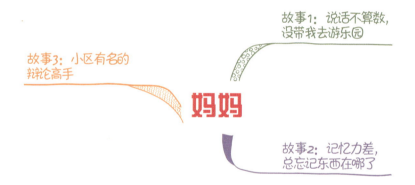

看看别人怎么写

妈妈的那些笑

胡新玥　湖北省武汉市一初慧泉中学七年级

那应该是零几年的时候吧，爸爸公司有过一段不堪回首的往事。公司的生意本来很好，但爸爸和合伙人不知为什么闹起矛盾，爸爸又是倔脾气，于是，双方从打金融战一直到要打官司。

　　这期间，妈妈曾多次劝说爸爸，希望他退一步想。妈妈是女人，女人不像男人那样强势，她们考虑的更多一些，懂得适时退让。而爸爸考虑公司的发展，始终不肯退让。

　　终于有一天，合伙人向我们甩了一句电视剧和小说里常用的话："好，你们不妥协是吧，那我们法庭上见！"这下，公司真被逼上绝路。官司打输了，同时输掉的是一幢房子和几十万的资产。

　　公司破产了。妈妈却笑着对爸爸说："你不知道电视剧里的破产千金一下子就可以逆袭的吗？"对，妈妈是笑着的，笑得很灿烂。那时的妈妈很年轻，笑时，眼角还没有鱼尾纹。

　　爸爸诧异极了，他原本做好了妈妈和他大吵一架的准备。看到妈妈轻描淡写，如此玩味地笑，爸爸便很快从情绪的低谷里走了出来，开始拼命为重建公司工作。

　　有一天，爸爸居然在电脑前睡着了。妈妈一看时钟，便走过去，提起爸爸的耳朵，笑着说："哟，破产'千斤'，头有这么沉呀，才十点，就你这样还逆袭！"

　　在妈妈看似玩世不恭的笑里，公司居然在跌跌撞撞中好了起来。爸爸在庆功宴上开怀畅饮。妈妈一言不发，只是笑，笑得极淡。

　　在日后的工作中，妈妈始终用这种极淡的笑警醒爸爸。

　　在十年后的如今，谈起妈妈的笑，爸爸依然是感慨万千。

　　胡新玥先列了关于妈妈的三个素材：爱笑的妈妈、常做噩梦的妈妈、车祸前的妈妈。最终，她选择了爱笑的素材，用"笑"这个细节贯穿全文。文章共写了四次笑：爸爸破产时、爸爸在电脑前睡着时、爸爸的庆功宴上、日后的工作中。从笑中，我们了解到妈妈最大的性格特点：开朗，给人以信心。

丁丁老师技法小课堂

"三选一"保你素材独特

写人要先练好一人一事的基本功。做好素材选择题，则是练好这一基本功的基础。具体方法如下。

（1）先列三件事

如果总是用脑袋里第一个冒出来的素材，很难写出新意。所以，写爸爸妈妈前，至少应该先在本子上写下爸爸妈妈的三件事。最好围绕一个性格特点来找，选符合这一性格特点的三件事；如果连性格特点都还在犹豫，不知道选哪一个，那就列出令你印象最深刻的三件事。

（2）三选一，挑最独特的

三件事列出来后，对比一下，看看哪件事最独特。比如别人身上没有发生过的，或是别人可能不会写的，再或是特别感人或有趣的。

比如，有个孩子列了妈妈的三件事，分别是减肥、抢红包、陪"我"上课外班，最后，她选择了妈妈减肥。这是因为，妈妈吃东西时忘掉减肥，东西一吃完就又嚷着要减肥，这一画面反复出现，特别搞笑。

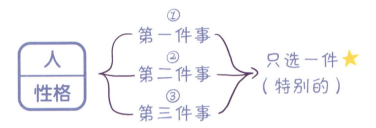

每课一练

从下面的两张思维导图中，选择一张来完成。

第一张围绕妈妈的某种性格，想一想有哪三件事跟这种性格相符，填写清楚，然后选择其中最独特的一件。

第二张围绕妈妈填写三件事，从中挑选出最独特的一件，并概括出妈妈的性格特点。

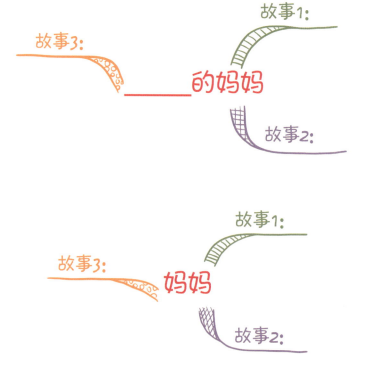

（五）"一人二三事"怎么写

　　看到丁丁老师的板书"一人二三事"，小涂明白，这是要技能升级了。上次课，技法对应的是一人一事，那是写人的基本功。今天则要学一人几件事。

　　一人一事，感觉像做减法，莫非这次要做加法了？

1. 多动症妈妈又来了

　　丁丁老师挑选了小琪的《多动症的妈妈》作为例子。上次课写一人一事，她列了三件事备选：

　　　A. 妈妈每天晚上都要出去跑步，下雨天在家里也要伸伸腿、甩甩胳膊。

B. 家里装修，我们暂时住在叔叔家。妈妈每天把叔叔家的地拖三次，厨房、卫生间清洗了一轮又一轮，就没看到她坐下来休息，整个家里一尘不染的。

C. 我的一些玩具，妈妈也拆来拆去，想看看里面到底有什么。

一人一事的方法，是把某件事作为唯一选项，其他的删掉，不要了。现在，丁丁老师要大家写"一人二三事"，把三件事都写进去，该怎么写？丁丁老师让大家先小组讨论。

小涂、小可、小琪三个人组成一组。

 小可率先发言，虽说语速一如既往地快，但话语中有一丝不确定——

> 每个故事写一段，这样一个不拉，字数也多，看起来应该还可以。

 小涂觉得——

> 要是都一样的字数，那就看不出重点了。我觉得，最好看、最独特的故事还是跟上次一样，是借住到叔叔家，可以把这个事情写详细，其他事情简单写。

 小琪赞同小涂的说法——

> 我也觉得要有主次之分，不然文章就不好看了。

见各小组讨论得差不多了，丁丁老师出示了三张图片。

 写人文章里写到三件事时，要怎么安排文章的结构？你觉得可以用下面三个图形中的哪一个来代表？（　　）

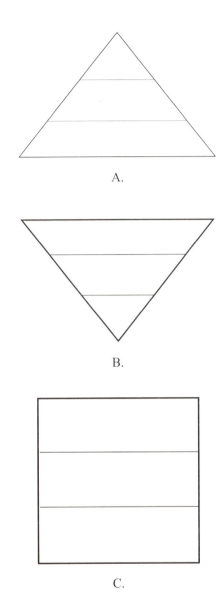

A.

B.

C.

小可一看，C 不就是自己觉得还可以的结构吗？不过，看到这个图形后，他犹豫了，觉得还是 A 好看，像个金字塔。

讨论的结果，大多数人都选择 A，也就是用金字塔的方式来写人物的二三事，前面两件事简单写，最后一件详细写，这样文章显得稳重。

但也有人选了 B——倒金字塔结构。丁丁老师说，用这种结构来分主次也不是不可以，但它一般用来写彼此有关联的二三事，可以把主要的事情放在前面详写，后面的事情作为背景、影响或后果略写。

听懂了，还不够。丁丁老师让大家把小琪的素材中略写的两件事写出来，看看怎么写既简单又围绕中心。

 10分钟后，小涂完成了自己的片段——

> "走，出去跑步去。"妈妈已经穿好跑鞋，在门口催我。
>
> 哎，我这位多动症的妈妈又要拉着我运动了。只要不下雨，她晚上都要围着公园跑上一圈。下雨天，她也没闲着，在家里伸伸腿、甩甩胳膊，每个细胞都要活动一遍才算罢休。
>
> 她这多动症不仅仅体现在腿脚上，手也闲不住。我的电动小帆船、娃娃玩具，她也会拆开，看看里面到底有什么。我是多么希望她能安静坐一会儿，看看窗外的风景。可她真是待不住。

小涂的片段得到了丁丁老师的好评。一是，用动态方式开头，人物出场生动。二是，围绕多动症来写，没有偏离题目。三是，前两个事例写得简洁，但介绍得很清晰，为后面的重点故事铺好了道路。

2. 三件事一样重要怎么办

 小可也觉得小涂写得不错，可还有些不甘心——

> 要是三件事一样重要，怎么办？

小涂和小琪都觉得，三件事一样的篇幅，应该不好看吧。就像小可之前那篇《妈妈》一样。

 丁丁老师笑了——

　　如果三件事一样重要，可以都详细写出来。比如，周晔写的《我的伯父鲁迅先生》，就写了鲁迅的四件事：谈《水浒传》、笑谈碰壁、救助车夫、关心女佣。读完之后，还是感觉脉络清晰、叙事清楚、人物具体亲切，给人印象也很深刻，充分展示了鲁迅是一个爱憎分明，为自己想得少、为别人想得多的人。

　　"不过，你们现在尽量少用这种方式来写。"丁丁老师补充道。

　　这一说，又把小涂搞糊涂了。不过，看完后面的"丁丁老师技法小课堂"，小涂才明白，二三事一样重要的写法，对小学生来说，想掌握好并不容易。

看看别人怎么写

奇葩妈妈

宗笑妃　湖北省武汉市育才小学六年级

　　论"妈妈哪家强"，那莫过于我们家的了。妈妈相貌平平，只是一个普通的家庭主妇，但是如果以貌取人的话，那你可就大错特错了。

　　记得那一次，我刚刚接了一杯滚烫的开水，妈妈正在厨房工作，突然她看到一只苍蝇落在我的大腿上，马上说："小妃，有只苍蝇在你腿上！"

　　"怎么办呢？"我问。

　　妈妈脑子一转，对我说："有办法了！你可以烫死它。"

　　"烫死它？"我疑惑。

"嗯，嗯，烫死它。苍蝇一定死！"妈妈自信地回答。

我看了看手上的一杯开水，不假思索地向腿上倒。然后，整个厨房都传来了杀猪般的叫声，此起彼伏。

第二天，我腿上多了一圈纱布，裹了一层又一层。

妈妈向我道歉："哎哎，对不起啊，小妃，我不该说用烫的。看，把你的腿弄伤了，真是对不起。"

我哭丧着脸说："妈，你是怎么想到烫死苍蝇的？"

"当时，你刚倒了一杯水，我想怎么才能又方便、又快、又好地弄死苍蝇，所以……"妈妈指了指桌上的一壶开水。

真是欲哭无泪了。

接下来的几天，我都没去上学，腿上的一圈纱布也没摘下来。地上已经死的苍蝇也被妈妈做成了标本，说是以此警示。

这样奇葩的妈妈，怎么偏偏被我遇到了？

水杯里热水的蒸汽早已散去，又一只苍蝇飞到我腿上，妈妈兴奋起来，指着桌上的一个西瓜说："小妃，砸死它！"

哎……

 围绕"奇葩"这一特点，写了三件事：开水烫苍蝇烫到腿；妈妈把苍蝇做成标本；妈妈叫我用西瓜砸死苍蝇。三件事是有因果关系的，都跟苍蝇有关。其中，主要详写的事情放在前面，后面两件事作为影响和后果略写，详略得当，写得十分生动。

丁丁老师技法小课堂

"一人二三事"怎么写

不管是一人一事，还是一人二三事，都要围绕中心来写。先定好性格基调，这个基调不要定多了。刚开始学写作的小学生，不建议做多个主题或者多个关键词的尝试。

"一人二三事"有两种写故事的方法：

（1）主次分明

二三事要区别出主次来。次要的放在前面写，简单几句话介绍清楚，一件事一段。主要的放在最后，用细节写详细，可以有多个段落。如果二三事之间有因果关系，则可以将主要的放在前面详写，次要的放在后面略写，作为补充。

（2）一样重要

如果觉得二三事一样重要，可以都作为重点写清楚。不过，文章的长度就不是几百字，而是几千字了。一般来说，小学生难以完成如此长度的文章。

如果写成这一模式，事情之间可以空一行，以示区别。《我的伯父鲁迅先生》就是这样做的。还可以给每件事取一个小题目，把事情分隔开来。

每课一练

　　把此前写妈妈的文章拿来修改，增加两件事，这两件事都要跟选择的性格特点有关，用简洁的文字写在前面。

（六）写出人物耀眼的细节

教室里充满了洋葱刺鼻的气味，这气味就像一阵风席卷而来，迅速抢占了教室的各个角落。

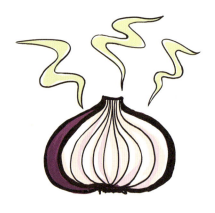

丁丁老师右手举着半个切开的洋葱，让小涂上前剥一剥。小涂撕了几片之后，感觉气味越来越浓，一点点钻进鼻腔的每个细胞里。不过，他发现洋葱是一层包裹着一层，都围绕着最里面的芯子，一点点长开，很像丁丁老师说的围绕中心。

小琪也要来试一试，可没过几秒钟，她的眼睛就眨啊眨的，渐渐润湿了，接着流下了眼泪。

 回到座位的小琪说——

我怎么有种想哭的感觉，丁丁老师今天不会让我们写洋葱吧？

1. 文字要有流泪的味道

"流泪的味道"，这是丁丁老师出示的第一行字。

小可第一个举手——

为什么不是流泪的感觉？流泪的味道，好像是病句啊！

 丁丁老师笑了笑，又展示了如下文字：

其实，薰衣草味道是哑的。

——毕淑敏《薰衣草》

哑，本用来形容声音，但这里用来形容味道——那种提炼之前什么味道都没有的样子，读起来有种特别的感觉。其实，"流泪的味道"跟这种用法是相似的。

丁丁老师说，我们要把对爸爸妈妈的情感充分表达出来，变成可以品尝的味道。比如，眼睛看到的、耳朵听到的、心里想到的，都能变成文字，变成可触摸的。

小涂感觉听懂了，又好像没懂。不过，他大概明白，就是一定要写出对爸妈的情感，要能让人感动，有想哭的感觉，就像洋葱带给我们的感受一样。

接下来，丁丁老师分享的这篇文章，真的让大家有了鼻子酸酸的感觉。

爸爸的便当盒 ①

片山悠贵德　日本广岛市立中岛小学校一年级学生

爸爸因病去世三年之后，我成了一名小学一年级学生。

有件事要向爸爸汇报一下，我想，爸爸也一定知道了：我借用了您的便当盒。

---

① 片山悠贵德. 爸爸的便当盒. 小星星：作文100分, 2016（4）.

一想起昨天的事情，我的心还在怦怦直跳。我的筷子碰到便当盒的时候，发出了很好听的声音。昨天的便当，十分特别。虽然当时才上午十点，可我脑子里想着的全是便当。之所以说昨天的便当很特别，那是因为第一次使用了爸爸的便当盒。

爸爸去世后，我非常寂寞、非常难过。爸爸在"天妇罗屋"工作，他油炸的天妇罗是世界上最好吃的。每次我去吃的时候，爸爸总是悄悄地为我炸许多我最最喜欢的"海老天妇罗"。那种时候，我不由得感觉到自己很特别，因此十分开心。那以后，我每天吃得多多的，还努力练习空手道，以至于一直使用的便当盒变得不够用了。

"我想要个大点的便当盒！"那天我这么一说，妈妈便从橱柜的里边将爸爸上班时常常使用的便当盒拿出来给了我。

"对您来说，会不会太大了些呢？"妈妈说。但还是让我用上了爸爸的便当盒。然后，就是从早上开始等了又等的吃便当的时间。我将便当全部吃得光光的。吃完之后觉得自己就像爸爸一样，变得又强大又温和，变得很想见到爸爸。到现在回想起这么令人高兴又好吃的特别的便当，心里还怦怦地跳个不停。

如果能够向神许愿的话，我想要能再一次和爸爸、妈妈、妹妹一起生活。不过，爸爸一直在天空中守护着我们。虽然爸爸不在会很寂寞，但我是家里唯一的男孩子，我会代替爸爸保护好妈妈和妹妹，我会用爸爸的便当盒好好地吃饭，成为更加更加坚强的、温和的男孩子。

爸爸，谢谢您借给我的便当盒。

　　这篇文章荣获 2010 年"朝日学生新闻社"第四届作文比赛最优秀奖。没有一句"我的爸爸多么伟大"或者"爸爸给我的爱多么深，像大海一样"，但看似随手拈来的平实细节，却让字里行间透出深深的情感，让人读出一种流泪的味道。

　　小涂想到了自己那篇《捉摸不透的妈妈》：当时，妈妈听到奶奶生病的消息，马上从床上爬起来。自己看到那一幕，特别想哭。"这就是洋葱的味道吧，我要把它好好写清楚。"

2. 被施了慢速魔法

 这时，丁丁老师说——

　　　　有没有感觉洋葱像被施了慢速魔法？就是一切都变得很慢，比如它的气味。

　　丁丁老师的这个问题让小涂一惊。洋葱早已被收到了袋子里，但教室里还弥漫着刺鼻的气味。慢速魔法？这一说法挺有新意，能想象出气味在空中赖着不肯走，半点不挪动的画面，就像看视频、听音频，三倍、五倍慢速播放一样。

 丁丁老师看着大家的反应，继续道——

　　　　自己看过的小说、电影，可能记不清大多数情节，但总记得一两个感人的细节。比如，台湾作家林海音在《爸爸的花儿落了》中有这样一段——

　　　　我走出了教室，站在爸爸的面前。爸爸没说什么，打开了手中的包袱，拿出来的是我的花夹袄。他递给我，看着我穿上，又拿出两个铜板来给我。

　　听着丁丁老师的讲解，小涂了解到，这一段的背景是爸爸早上打了赖床的英子，又追到学校给英子送花夹袄和钱。文中的爸爸一句话都没有说，作者只是描写了爸爸一连串的动作，用到了 7 个动词，分别是：说、打、拿、递、看、拿、给，生动展示了爸爸对"我"表面严厉但内心非常疼爱的一面。

小涂明白了，好的细节就是看完文章后，合上本子，脑海中还能想起某一个场景，久久难以忘记，就像洋葱的气味一样，挥之不去。

小涂记得，丁丁老师在《每天一句话 爱上写作文》这本书中，讲过写好细节的两个方法——五感观察法和冰糖葫芦法。

五感观察法，就是用眼睛、鼻子、耳朵、嘴巴、手这五个感官去感知事物，对事物有一个立体的印象，一般用来写物写景。

冰糖葫芦法，就是把每个动作都看作一颗美味的冰糖山楂，把多个动作连在一起，就成了一串可口的冰糖葫芦。生活中的每一个大动作，如走、跑、跳、吃、喝等，都是由一连串细微的小动作组成的一组动作过程。这个方法一般用在写人写事文章里。林海音写爸爸，就是用到了这个方法。

小涂又想起自己那篇《捉摸不透的妈妈》，觉得可以把妈妈爬起来的那一刻放慢。当时，妈妈的动作是怎样的？表情是怎样的？跟爸爸说了什么？怎么走出门的？

 思索片刻，小涂开始动笔，完成丁丁老师布置的任务——

　　我跟着爸爸走进卧室，房间里只有小夜灯闪着微弱的光。但我还是看到，躺在床上的妈妈，闭着眼睛，眉头还微微皱着。

　　"爸刚打来电话，说妈生病了。"爸爸来到床头轻声告诉妈妈。

　　妈妈的眼睛猛地睁开，半撑着身子从床上坐起，问爸爸："病得严重吗？"

　　"挺严重的。"

　　"那还等什么，赶紧走。"话音刚落，妈妈已经掀开被子，站在了地上。她一边用皮筋把凌乱的头发往后一扎，一边走进衣帽间，还不忘吩咐我：自己去睡觉，有什么事打她电话。

　　随后，只听"啪"的一声，门被关上。紧接着，一串急促的脚步声渐渐远去了。

这一次，小涂的作业得到了丁丁老师的表扬。

看看别人怎么写

　　1. 正当我发愁的时候，一个熟悉的声音在我耳边响起："儿子，我们回家吧。"接着，一只温暖而粗糙的手搭上了我的肩，从我肩上拿过书包，用那巨大的红色外套盖住我们。就这样，我们父子俩走入洁白的雪花中。

我边走着，边仰头望着天空。此时，天空已不再是那样的灰白，而是红的。

2.突然，我看见外套不再为爸爸顶着风雪了，而全搭在我身上。

于是，我说："爸爸，外套歪了。"

爸爸看了看外套，说："傻孩子，外套不歪。"

——吴东晓　湖北省武汉市育才小学六年级

吴东晓用他的细节能力告诉我们，打伞淋湿自己、背我上医院这类事情，并不是一定不能写，但得写出自己的味道来，关键是找到能打动人的那片"洋葱"。

丁丁老师技法小课堂

让细节发出耀眼的光

细节是有魔力的，它是写作的底层能力。写人文章里的细节，既包括人物的外貌、动作、神态、语言、心理活动等，也包括事情发生时周围的环境。每一处字数不一定都要很多，但关键位置一定要有。写好细节，可以通过以下两步来完成。

（1）找到感人片段

如果是感人类的写人文章，这个细节就是能写出流泪味道的地方；如果是幽默类的写人文章，这个细节就是最能逗笑读者的地方。

比如朱自清的《背影》，父亲去买橘子时，爬上月台的动作就是这样一个关键位置。

简单说，一件事中要找到最感人、最精彩的场景。如果是二三事，要选择最能打动人的事里最感人的片段。

（2）放慢过程详写

这个片段一旦确定后，就需要在脑海中回放，就像电影里的慢镜头回放一样，慢一点，再慢一点。接下来，尽量全方位地把里面的细节写出来，写得越详细越好，越如此，越能体现人物的特点。

比如，写刘翔在 2004 年 8 月 28 日的雅典奥运会上夺冠，110米栏决赛用时仅 12 秒 91。虽然整个过程只有十几秒，但写作水平高的人可以写出几千字的文章来。

脑海回放

放慢过程详写　　写人细节　　找到感人片段

一点点去写

一人一事

一人二三事

　　找找自己写爸妈的文章，选择一个最感人的片段，将它放慢过程详写，尽量写出那种流泪的味道。

（七）写出人物前后的变化

创意写作魔法班上，丁丁老师在黑板上写下"长大"两个字，还加了引号。

 随后，丁丁老师抛给大家一个新问题——

爸爸妈妈也在"长大"。你觉得这句话对，还是错？

 小可首先笑出了声——

他们还能长大？早就是成年人了！我们小孩才是每天长大。

小涂也觉得小可说得没错。长大，不就是长个，然后变得成熟吗？

 小琪眨了眨眼睛，思索着——

"长大"是不是说爸爸妈妈也在变化啊？我看"长大"这两个字打了引号呢。要是说变化的话，那他们确实在变化。

小琪一说完，丁丁老师就竖起了大拇指。

1. 爸爸妈妈确实变了

讨论过"长大"，丁丁老师让大家讲一讲，自己爸妈身上都发生过哪些变化。

小涂分享了自己爸爸的变化——

有段时间，爸爸定了一个目标：不吼孩子 30 天。那个月刚开始三个星期，爸爸还真的没有骂人，要生气的时候，都会深呼吸，然后把我叫过去，要我先闭上眼睛 1 分钟，再跟我慢慢讲道理。到第 27 天的时候，他差点忍不住，不过一看到自己写的纸条，还是强忍住了，一个人出了门，到院子里散步。

小涂说完，觉得这样写爸爸挺有趣的，能看到爸爸的变化，这也是一种"长大"吧。以前写爸爸，都是写爸爸某方面的性格和故事，没有涉及变化。

小琪分享了妈妈的变化——

我的妈妈以前特别爱化妆。有一天，她要去参加一个重要的应酬，正准备在家化妆，接到了我的电话。我忘记带检查单了，老师很生气，要家长送过来。妈妈像踩着风火轮的哪吒一样出现在教室，头发上还沾着汗珠，脸上什么都没有来得及涂，可随后去应酬，同事们都说她更好看了。这之后，妈妈没有那么爱化妆了，把化妆的时间更多地用来陪我。

有了小涂和小琪的分享，大家的思路进一步打开了，开始唰唰地在本子上写下爸爸妈妈变化的关键词。比如，爸爸戒烟了，妈妈减肥了，妈妈购物少了，等等。

2. 这算不算变化呢

班上平时不怎么说话的小张同学，吞了几下口水——

我不知道这个算不算变化。我的妈妈像个侦探，总能准确推测出我干了什么。比如，她买菜快回来了，我就赶紧关掉电视。可是，她一上来就去摸电视机的后背，说电视机都是热的，批评我又偷偷看电视了。

教室里都笑开了，感叹这妈妈也太厉害了。难怪这位同学平时不怎么说话，估计在家里总怕说错。

丁丁老师双手举到半空，往下一压，教室里又安静了下来。小张同学继续分享——

有一次，我在学校里玩，摔了一跤，左腿膝盖擦破了皮。一回家，我装作什么事也没有发生，在客厅里走动。妈妈突然叫住我，问我左腿怎么了。我强忍着疼说：没什么。妈妈不相信，让我脱掉长裤，果然发现我受伤了，拿来药水帮我处理。

大家分成了两派。一派觉得，这不算妈妈的变化，因为妈妈一直没有变，还是像侦探一样，监督"我"的各种行为。另一派认为，妈妈看起来没有变化，可是"我"对妈妈的态度有了一个很大的变化。

小涂赞同第二种看法：此前"我"对妈妈有误解，后来发现妈妈监督"我"都是为了"我"好，消除了误解——这是一种变化。

丁丁老师这时提醒大家，前面训练写自己时，学过正面描写和侧面描写。小张的故事和这不是一样的吗？当然算爸爸妈妈的变化。

今天这一课，小涂有种豁然开朗的感觉。植物每天在变化，天气每天在变化，人物也可以写出变化来。

看看别人怎么写

"啊！我要减肥！"

曹祎然　武汉大学第二附属小学五年级

远处又传来妈妈的"减肥声"。对这件事情，我早已经习以为常，有时候还经常把这"减肥声"当作晚饭好了的定点时钟。

"然然，你看，你爸爸今天晚上又做这么多好吃的，该怎么办啊？"妈妈拖着腔，装可怜地问我，嘴巴还不停地"吧唧吧唧"响，两眼放光，盯着桌子上的几盘菜，时不时用舌头舔一舔嘴唇。

我看妈妈那副馋样，忍不住捂嘴偷着乐了起来。

等坐到了餐桌前，红烧排骨、花菜、黄骨鱼、粉蒸肉、苕尖……直直地映入眼帘，我也忍不住舔了舔嘴唇。

"今天又做这么多好吃的，是存心嫌我不够胖啊！"妈妈装孩子气，"责怪"老爸。

老爸也很配合，挠了挠头，装出一副无辜的样子："这些菜要是再不吃，坏了多可惜！"

"也罢！"妈妈一跺脚，坚定地喊道，"咱们吃饱了才有力气减肥嘛，是不是！"

妈妈带头拎起一双筷子，"开吃喽，吃饱了再减肥也一样，要不然没力气减肥了！"

"好，这句话说得对。"我也饿了，不管三七二十一，直接用手抓起来吃。

十分钟……二十分钟……终于，菜全被干光了。

妈妈挽起衣袖，擦了擦嘴上的油渍，"啊，真好吃！"

"爸爸的厨艺真不错！"我舔着嘴唇，赞美道。

可是，这美好的画面没持续几秒钟，又被妈妈的声音打破了。

"啊！我要减肥！"

 这篇文章很好地写出了角色的变化：先是嚷着要减肥，接着在美食面前忘了减肥，还要坚定地给自己一个理由——吃饱了才有力气减肥，再到吃完之后马上大声喊"啊！我要减肥！"在变化中，我们可以看到一位很立体的妈妈。

丁丁老师技法小课堂

写出人物前后的变化

现实生活中，我们每个人的情绪、状态都是不断变化的。一成不变的，那不是人，是供在神龛里的神。所以，人物要刻画得真实、生动，就要写出他 / 她的各种变化。写变化主要有以下两个方面。

（1）人物本身在变

比如，性格变了：以前很暴躁，现在变得温和了。还有，行为上、态度上或外貌上的变化。

不过，所有的变化都要能解释得通，不是在文章里想怎么变就怎么变。前后为什么会有这样的变化，这个关键点要写清楚。

（2）"我"的看法在变

"我"对爸爸妈妈看法的变化，这就像写自己时的侧面描写，从他人的角度出发来写变化。

这种变化，一般是从不理解到理解。可能以前在某些方面，还有些怨恨他们，但后来发生的一件事改变了"我"的看法，觉得是"我"误解了他们，心里很愧疚，并因此更加敬佩他们。

　　从变化的角度思考一下，爸爸妈妈有哪些变化，或者你对他们的看法有什么变化，然后完成一篇写人文章。

（八）人物可以艺术再加工

写人文章能用假的素材吗？

这是今天创意写作课的辩题，丁丁老师要办一场小型辩论赛。

全班同学分为正反两方。小琪是正方选手，她选择了能用假的素材。小涂和小可是反方选手，他们的观点是"不能"。

1. 热闹的辩论赛

小可首先发言，心急的他不吐不快——

> 肯定不能写假的。丁丁老师一直告诉我们，写文章要真实，写真情实感。造假怎么行！

小可的发言获得了反方选手的一致好评，个别正方选手的脸上也有点不自在，好像突然发现自己站错了队。

小操作为正方选手，第一个站出来应战——

> 写作是要写真情实感，可并没有说不可以夸张啊，跟现实有出入也是可以的。

正方选手应战了，可感觉分量不足。

 小涂站起来反驳——

　　记得有一次，有个同学写了一篇文章，说自己到爷爷家，看到田野里的高粱熟了，一颗颗果实沉甸甸的，低着头，远远望去，一片金黄。老师就说，这写的是假的。高粱成熟了，颜色是红的，一片金黄是麦子和稻谷成熟的颜色。

　　所以，老师经常跟我们说，不要写假的，假的一下子就能看出来。

　　小涂的发言获得了满堂掌声。反方又陆陆续续举了一些例子——比如，有同学写中午的时候，园丁冒着烈日去浇花，汗水一个劲儿地往下滴。大中午浇花，花肯定被浇死了，这一看就是没有真正见过园丁浇花。

 小琪觉得大家说的确实在理，可又觉得说得太绝对了——

反方刚才说的确实有道理，一旦这样造假去写，确实不行。可如果只是把别人做的事安到自己身上，自己又有过类似的体验，写出来的过程和细节都是真实的，我觉得还是可以的。我听妈妈说过，范仲淹都没去过岳阳楼，却写出了天下名篇《岳阳楼记》，这算不算造假呢？

小琪的话一出，现场突然安静下来。

这时，丁丁老师出示了一段话：

人物的模特儿也一样，没有专用过一个人，往往嘴在浙江，脸在北京，衣服在山西，是一个拼凑起来的脚色①。

——鲁迅《我怎么做起小说来》

看到这段话，小涂想，莫非丁丁老师也是支持造假的？

2. 假，不是全部的假

看到再往下辩论，可能找不到更多新鲜的观点了，丁丁老师讲了一个小故事——

有一次，有个学生在课堂上分享了胆小爸爸的故事：自己跟爸爸去鬼屋，爸爸怕得浑身发抖，还在那儿叫，后来一个人先跑出来了。这是个不错的素材，我就让他写下来，作为当天的课堂文章。我批改时发现，另外还有两个同学都写了这件事，分数比讲故事的还要高，写得更精彩，看起来更真实。这又是为什么呢？

"啊？还有这样的事情！"小可脱口而出。

小涂也有点不明白：明明是自己亲历的事情，怎么别人比自己

---

① 原文为"脚色"，即角色。

写得还要真实?

 丁丁老师觉得引导的目的达到了，继续说——

> 两个学生确实没有跟爸爸一起去过鬼屋。但他们都在
> 鬼屋里看到过其他大人害怕的样子，所以就把当时的场景
> 回忆了一下，把人物换成了爸爸。

小涂这下听懂了：虽然自己身上没有发生过一模一样的事情，但自己有过类似的经历，把这段经历放到笔下人物的身上，写出来也会显得很真实。

丁丁老师还提到另外一种情况，就是：很多事情都是自己的亲身经历，但不是在同一时间发生的，为了让冲突更激烈，可以加工一下，让它们在同一时间发生。许多小说、电影都会这样做，创作出来的情节会更有吸引力。这种"造假"也是写作中常用的构思方法。

小涂又想起了那篇《捉摸不透的妈妈》。那天，妈妈送奶奶去医院后，早上7点就回来了，然后睡了一大觉，直到中午才起来。不过，以前有一次，妈妈带奶奶去医院，到第二天中午才回，前一晚就坐在病床边的凳子上稍微眯了一会儿。

按照丁丁老师的方法，他可以写妈妈自己生着病，却在医院照顾奶奶，第二天中午才回，就坐在奶奶病床边的凳子上眯了一会儿。这样一来，冲突更激烈，也更能体现出妈妈对奶奶的关心。

丁丁老师技法小课堂

写人可以艺术加工

　　鲁迅说自己笔下的人物是一个个拼凑起来的角色，说的是写小说。那我们写父母，是否可以适当加工？

　　答案是肯定的。不过，一定要记住，是适当，不是全部。所谓适当，就是可以在现实的基础上进行艺术加工，而不能完全都是虚构的。这种艺术加工主要有以下两种情形。

（1）别人的事拿来用

　　首先，要符合自己笔下人物的身份和性格特点。如果不符合，就会闹笑话。比如，妈妈是一个细心的会计，但写她出门忘带钥匙、买东西给错钱，这一看就和妈妈的职业不符，会让人感觉很假。

　　其次，要学会迁移。虽然自己写的人物身上没发生过这类事，但自己看到或听过类似的，有类似的情感，就需要把这些迁移到自己所写的人物身上。其中最重要的，就是细节迁移能力。把人物在当时场景中的动作、神态、语言等细节写具体，读起来就会很真实。

（2）多次的事集中在一次

　　把一段时间内发生在人物身上的几件事情，集中在特定的很短的时间内一起反映出来，这样更能体现冲突。简单说，就是制造巧合。这样做的好处是情节会显得更波折，读起来会更吸引人。

　　要注意，巧合过多会让人觉得假。特别是小学生写文章，只有几百字，如果巧合过多，又写得不是太具体，这种感觉就会更明显。

　　所以，一旦发现自己所写的事情读起来巧合太多，有些假，就要及时停止这种艺术加工，老老实实写真实的人、真实的事。

每课一练

　　我跟爸爸去鬼屋，爸爸怕得浑身发抖，还在那儿叫，后来他一个人先跑出来了。

　　这件事，可能没有发生在你爸爸身上，但现在我们要运用艺术加工的方法，学会迁移，用这个情景来写一个段落，体现出自己爸爸胆子小的特点。

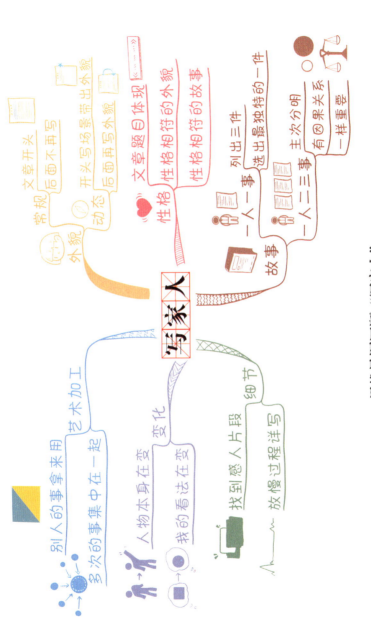

思维导图回顾 "写家人"

创意写作书系·青少版

丁丁老师◎著

创意写作魔法师
国际楚才作文竞赛专家评委

有个性的写作

景物篇

中国人民大学出版社

·北京·

图书在版编目（CIP）数据

有个性的写作. 景物篇 / 丁丁老师著. -- 北京：
中国人民大学出版社，2022.10
（创意写作书系：青少版）
ISBN 978-7-300-30997-2

Ⅰ.①有… Ⅱ.①丁… Ⅲ.①作文课—小学—教学参
考资料 Ⅳ.①G624.243

中国版本图书馆 CIP 数据核字（2022）第 171769 号

创意写作书系·青少版
有个性的写作·景物篇
丁丁老师　著

You Gexing de Xiezuo · Jingwupian

出版发行	中国人民大学出版社	
社　　址	北京中关村大街 31 号	**邮政编码** 100080
电　　话	010-62511242（总编室）	010-62511770（质管部）
	010-82501766（邮购部）	010-62514148（门市部）
	010-62515195（发行公司）	010-62515275（盗版举报）
网　　址	http：// www. crup. com. cn	
经　　销	新华书店	
印　　刷	北京瑞禾彩色印刷有限公司	
规　　格	170 mm×240 mm 16 开本	**版　　次** 2022 年 10 月第 1 版
印　　张	18.25	**印　　次** 2022 年 10 月第 1 次印刷
字　　数	204 000	**定　　价** 80.00 元（2 册）

目 录

角色介绍

小涂
慢条斯理的小男生

丁丁老师——创意写作魔法师

小可
风风火火的小男生

小琪
自带文艺气息的小女生

一 写物品：

怎么写出新意和情感

（一）视觉观察抓住物的特点

（二）触觉嗅觉听觉抓住物的特点

（三）五感观察全面认识物

（四）合理联想把物写活

（五）旧物要写出情感

（六）物没变化也可以写得活

（七）室内观察的基本功训练

（八）室外观察的基本功训练

　　白白的，凉凉的，湿湿的，软软的——如果这样描述一个物，你会想到什么？

　　有人说是雪，有人说是盐。

　　雪和盐，明明是不一样的两种东西，可在孩子们的笔下，看起来却似乎完全一样。

　　写物首先要写得像，要能让人看出你写的是雪，而不是盐。这就需要训练观察基本功，通过五感全面认识物。

　　"写得像"做到了，还可以用上联想和想象，进一步把物写活，甚至投入情感。这样写出来的物，即使是同样一种东西，你写的也不会和别人雷同。

（一）视觉观察抓住物的特点

今天的创意写作课，丁丁老师让每个孩子带一样物品过来，要开一个物品推介会。

小涂的选择障碍症又犯了，请妈妈帮他拿个主意，可妈妈把这事给忘了。临出门时，小涂伸手向妈妈要物品。妈妈刚好提着一袋煮熟的菱角，准备带到公司和同事们分享，便顺手抓了几个出来塞给小涂。

小涂愣住了！

1. 它是黑色的，硬硬的

教室里很热闹。丁丁老师还没来，同学们挤在一起，分享自己带的物品：有大熊抱枕、星空投影灯、羽毛球拍、芭比娃娃、奥特曼模型，等等。

小涂把菱角紧紧揣在裤兜里，不想让别人看到。跟大家的物品比起来，他的仿佛就是个笑话。

推介会开始。第一个上场的是小琪，她请老师和同学们帮忙把灯关掉，拉上窗帘，教室里一下变暗了。她拿出星空投影灯，拧亮，教室的天花板就变成了浪漫的"夜空"。小琪说，这是爸爸给她的生日礼物，她每天晚上睡觉前都要玩一玩，感觉自己像在星空漫游一样。

小涂和大家一样，投去了羡慕的目光。他摸了摸自己的菱角，觉得更加不好意思了。

　　几位同学介绍完后，丁丁老师点到了小涂。小涂低着头，来到讲台中间，感觉第一次做自我介绍时尴尬的场景又重现了。他右手在裤兜里摸了两次，才把菱角抓出来。看清他手上的东西后，教室里又有些躁动。

 小涂眼睛都不敢往台下看，只是磕磕巴巴地说——

　　　　我的物品是菱角，它……它是黑色的，它……它还硬硬的，剥开皮，里面有果肉。

　　小可也被请了上去。他本来要带篮球来的，可今天起晚了，出门时忘了拿。他想在书包里找个物品，结果翻出了昨天他跟妈妈一起去水果店买的荸荠。

 小可挠了挠后脑勺，脸有点红——

　　　　我的物品是荸荠，它跟小涂的一样，也是黑黑的、硬硬的，里面是果肉，果肉挺好吃的，就是皮不好削。

　　这一次，同学们忍不住了，都笑出了声。

2. 菱角和荸荠一起摆上讲台

小涂的菱角和小可的荸荠，现在被一起摆上了讲台。

丁丁老师说："它们确实都是黑黑的、硬硬的，里面是果肉，只是这两样东西显然一眼就能区别开来，现在需要找出它们的不同。"

丁丁老师把任务交给了小涂。

小涂拿着菱角和荸荠认真观察，心想，这次绝对不能再让同学看笑话——

　　菱角长有弯弯的两个角，尖尖的，很刺手。荸荠只是长出三四个小芽，摸起来软软的。

　　菱角的形状很怪，看着像个牛头。荸荠是扁圆扁圆的，像个小鼓。

　　菱角的黑，是黑中带点土灰色。荸荠是黑中有点棕红色。

同学们呆住了，想不到小涂能说这么多。丁丁老师的鼓励和启发让小涂明白，重要的不是物品本身，而是自己观察到了什么。

轮到小可了。丁丁老师提醒，可以把荸荠拿起来，从不同位置来看。

小可侧头看了又看，鼓足勇气，说——

荸荠，上头那露出的小芽，就像虾子的尾巴，高高地翘着。从侧面看，上下各有一圈条纹平行排列。它的皮很薄，用指甲轻轻一划就开了。菱角的壳就厚多了，很难剥，要双手用力才能掰开一个口子。

丁丁老师竖起了大拇指："两样东西有共同特点，但更多的是不同。小涂和小可很好地抓住了物品的不同特点，这样描述后，我们就不会把物品搞混淆了。"

看看别人怎么写

这把大提琴已经陪伴我两年多了，是我的第二把大提琴。

脱下它的黑色"外套"，便可见一位身着棕色短裙的芭蕾舞"少女"，头顶梳着一个小巧别致的发髻，发髻两边各插有两根黑色牡丹花瓣状的发簪。"少女"伸着修长的脖颈，梨形裙子镶着黑边，凹进去的腰部两侧对称地点缀着两个镂空的 f 形图案。当她绷直细长笔直的腿，立在地上时，与我身高相仿。

"少女"舞蹈服摸上去很光滑，棕中透褐的木纹在灯光下越发闪亮，对比分明。舞蹈服上系着四根粗细不同的银白丝带，用手从左到右依次拨动丝带，最细的一根发出尖细温柔的女声，其余三根发出的声音依次变粗，逐渐接近男声，越来越浑厚温暖，十分接近人的音色。

——舒昱煌　湖北省武汉市水果湖第二小学三（6）班

 这段对大提琴的介绍细致又生动，把一般人不太熟悉的大提琴比喻成了少女，一下子就抓住了它最大的外形特点。舒昱煌从多角度对大提琴进行了观察，还观察了灯光下琴的颜色的变化。

丁丁老师技法小课堂

写物要抓住特点

推介会，是写物的第一阶段，需要先认识物，再介绍物。这里最核心的就是懂得如何用眼睛去观察，然后抓住物的特点。

（1）对比观察

物和物之间难免有相似之处，需要在对比观察中找到不同。

德国绘本《松鼠先生和第一场雪》里，山羊先生告诉松鼠先生，雪是白白的、湿湿的、凉凉的、软软的……后来，从来没见过雪的松鼠、刺猬和大熊，分别把牙刷、铝罐和臭袜子当作了雪。这都是因为山羊先生描述雪时，没有抓住重要特点，如果用上对比观察，就不会出这种糗事了。

（2）多角度观察

拿到一个物品，我们要么自己走动起来，要么去转动它，从不同角度去看，发现它的多方面特点，比如从上往下看、从左往右看、从外往里看。这种观察同样适用于观察景物，所谓"远近高低各不同"。

如果是观察动物和植物，多角度还可以表现在不同时间段的变化上。比如，作家丰子恺在《白鹅》中，就多角度观察了鹅，写到了鹅的叫声、步态和吃相，展示了鹅多方面的特点。我们摘录几段，感受一下：

- 鹅的高傲，更表现在它的叫声、步态和吃相中。

● 鹅的叫声，音调严肃郑重，似厉声呵斥。它的旧主人告诉我：养鹅等于养狗，它也能看守门户。后来我看到果然如此：凡有生客进来，鹅必然厉声叫嚣；甚至篱笆外有人走路，它也要引吭大叫，不亚于狗的狂吠。

● 鹅的步态，更是傲慢了。大体上与鸭相似，但鸭的步调急速，有局促不安之相；鹅的步调从容，大模大样的，颇像京剧里的净角出场。它常傲然地站着，看见人走来也毫不相让；有时非但不让，竟伸过颈子来咬你一口。

● 鹅的吃饭，常常使我们发笑。

每课一练

　　找两个比较相似的物品，比如哈密瓜和甜瓜、鸡和鸭，用对比观察和多角度观察的方法，记录下你的观察结果。

（二）触觉嗅觉听觉抓住物的特点

推介会之后，丁丁老师让大家下节课再准备一个物品：一只手就能握得住的物品，还不能让其他同学知道。

小涂灵机一动，选择继续带菱角，他把它藏在口袋里。一进教室，他就被丁丁老师叫到讲台边。讲台背后有一个小板凳，上面摆放着一个大纸箱。纸箱类似投票箱，只在最上面留有一个口子。小涂把带来的物品放进纸箱里，没人能看到他放的是什么。小涂发现，里面已经有不少物品，他听到了它们和菱角撞击发出的声音。

1. 紧张的摸物游戏

上课了，丁丁老师冲大家眨眨眼，说："我们今天来玩个摸物游戏。"

他举起装满物品的纸箱，摇了摇，里面传来哐当哐当的声音。

"平时我们都是用眼睛观察，比如上次的推介会。今天，我们要闭上眼睛，靠手的触觉来感知。上来摸的同学，要一边摸一边描述物品，下面看的同学来猜是什么，最后再揭晓答案。"

小可第一个站上讲台，他把右手伸进大纸箱里，在里面摸索了一番，眼睛一直远远地盯着教室后面。

 小可开始描述——

这个东西是圆柱形的，其中一头有一个小的、尖尖的东西，另一头应该是底部，很光滑，摸起来像是塑料的。

"铅笔？"

"水杯？"

小可觉得大家说的都不太对，继续描述——

摇一摇，能听到声音，好像里面装着一些小东西，在里面荡来荡去。哦，我摸到了一个盖子，上面尖尖的地方应该可以打开。里面是空的，装了小东西。

大家越来越确认是个杯子。不过，杯子里不会装东西啊？

小可在黑板上画下这东西的样子——

小琪看到简笔画，忍不住站了起来——

小可，那一头明明不是尖尖的，而是凸起，像个奶嘴。整个就是一个奶瓶的样子。它是奶瓶橡皮擦，里面装的是一块块橡皮。这是我带来的东西。

小可把它拿了出来——多可爱的小物品：白色的奶嘴，粉红色的盖子，透明的瓶子里装了十多块形状不同的橡皮。

2. 手可以感知这么多

轮到小涂去摸物了。这一次，丁丁老师要小涂对照这四点来描述：

形状：_____

温度：_____

硬度：_____

触感：_____

 小涂的手在里面转了一圈后，挑选了一件摸上去感觉很简单的物品——

　　它是长条形，对，跟我们的钢笔差不多长，不过要粗一些，而且一头粗、一头细。表面摸起来有棱有角，两头还有许多尖尖的、锯齿状的东西。

　　温度嘛，正常的，不像鼻涕泥那种冰凉凉的东西。

　　硬度，比较硬。

　　触感方面，感觉像是那种硬硬的塑胶。

说完，他就在黑板上画了下来。

 接着，小涂闭上眼睛，俯下身子，另一只手也伸到箱子里，拧开这东西的盖子，鼻子凑上去闻了闻。他继续描述——

　　我打开了比较粗的那头，摸到上面有一个扁扁的、刀片形状的东西，但没有刀片那么锋利，摸上去还有点湿湿的。再打开细的那头，上面有一根细圆的、尖尖的头。我能闻到一股淡淡的香蕉味，混合着汽油味，有点呛鼻，不太舒服。

听到小涂的描述，台下所有人都确认，这是一支记号笔。

看看别人怎么写

我的手坚定但有些害怕地伸进了怪箱子。说不定会摸到一个动物，比如蛇之类的，那就太可怕了。

手在箱子里摆动着，像夹娃娃一样，对准一个东西抓了起来。我先摸到了它的表面，上面要比下面宽很多，又捏了几下，塑料碰在一起伸缩的声音是清脆的，但有点杂，发出嘎吱嘎吱的响声。捏了一半，中间却有一个又平又扁的圆，下面接上了一根又细又长的棒子。我有点知道这是什么东西了。

我转身，在黑板上画下了大概的样子，说出了自己的预测。

拿出来一看，果然是棒棒糖。整个塑料袋是透明的，最顶端和最下面铺上了粉色的条纹，里面装着一块淡粉色的糖，糖上印着一只企鹅侧着身子站在那儿。椭圆形的身体上插着一根纯白色的棒子。

拆开塑料袋，贴着鼻子嗅一嗅，使劲吸气，闻到了浓浓的草莓香。

——梁馨予　湖北省武汉外国语学校美加分校四（4）班

 这段前面的触觉和听觉观察很棒，把手上的感觉和听到的声音很细致地写了出来。再加上后面的视觉和嗅觉观察，棒棒糖的特点被描述得非常清楚。

丁丁老师技法小课堂

触觉嗅觉听觉抓住物的特点

有心理学家通过实验得出结论：人类通过感官获取信息时，有83%都来自视觉。正因为如此，我们常常把观察等同于用眼睛看，而忽视了触觉等其他感觉类型的作用。

当我们把视觉放在一边，触觉和其他感觉类型就会变得更灵敏。

（1）触觉

通过手的触摸，能感受到物品的形状、温度、硬度和材质等。

如果留意观察生活，你还会发现，对于菜市场的买菜高手，菜一到手上就大致知道有多重、好不好，这都是生活经验积累的结果。比如，差不多大小的卷心菜，手上一掂量，重的说明菜的里面一层一层包裹得严密，长得更好；轻的则相反。

（2）嗅觉

气味不像看到的和摸到的那么好描述。关键是要把气味的类别说清楚，是臭的还是香的，跟其他物进行比较，或者这种气味像什么，也就是用上比较或比喻的方法，把气味带给你的感觉说出来。

（3）听觉

听觉的描述和嗅觉类似，首先要区分是哪一类，让人愉悦还是烦躁、节奏快还是舒缓；再跟其他声音进行比较，并具体说说听到这种声音的感觉是怎样的，特别像什么。

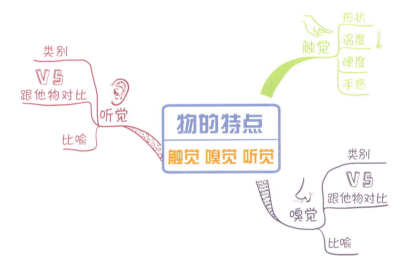

触觉
形状
温度
硬度
手感

类别
VS
跟他物对比
听觉
比喻

物的特点
触觉 嗅觉 听觉

类别
VS
跟他物对比
嗅觉
比喻

每课一练

　　跟爸爸妈妈玩一个摸物游戏：在箱子里摆放几个物品，由一个人一边摸一边说，其他人猜。之后拿出来，用鼻子、眼睛和耳朵再观察，描述清楚。可以把你游戏里描述的内容写在下面的空格里。

触觉：_____

　　　_____

视觉：_____

　　　_____

嗅觉：_____

　　　_____

听觉：_____

　　　_____

（三）五感观察全面认识物

今天的创意写作课，大家带来了苹果、香蕉、柚子、橘子、葡萄、梨子，等等。各种瓜果的香气混合在一起，弥漫在教室里。

 丁丁老师要跟大家玩一个新游戏——王婆卖瓜，看谁能把自己的水果介绍得更诱人，让其他同学流口水——

前面两节课，我们训练了视觉、触觉、嗅觉和听觉，今天再加上味觉，这就是人的五种感觉类型。这一次，我们要用上五感观察法来观察水果、介绍水果。

1. 一片苹果吃出了三层味道

 小涂第一个分享，拿出来的还是菱角，他清了两声嗓子——

我的菱角啊，棕黑色的，摸起来坑坑洼洼。别看它长得不怎么样，可是它两个尖尖的角很有趣，就像一对牛角；如果倒过来，就像男人的八字胡。

一边说，他一边把菱角放在鼻子下比画了一下。同学们都笑了，一个劲儿地鼓掌。

 小涂推了推眼镜，脸上有了光泽，继续说——

把它放在鼻子下闻一闻，就会发现它带着泥土的清香气味。别看它外表看起来很硬，用对方法其实很容易剥开：先找到一个角，然后用力一掰，就会露出一个小口子。你们看，汁水都流了出来。把里面白色的菱角肉放进嘴里，美味！当然，它煮过之后很软糯。

小涂的这番叫卖，惹得下面的同学纷纷叫起来："给我一个！给我一个！"小涂带来的五个菱角，一下就分完了。

接下来是小可，他拿了个苹果走上讲台。丁丁老师在一边拿出了五感转盘工具，说要增加点难度，"指针转到哪个感官，就说这个感官所感受到的内容"。

指针最先指向了"眼"。

 小可笑嘻嘻地说——

这个简单。我的苹果红通通的，都发着光呢，这是真正的好苹果。

接着，指针转到了"手"。

 小可转动了一下手中的苹果——

用手摸一摸，很光滑，就像摸着一个圆溜溜的球。

指针又指向了"鼻"。

 小可把鼻子凑到苹果跟前闻了闻——

　　鼻子闻一闻，能闻到一股清香，特别舒服。

接下来是"口"。他啃了一大口，用力嚼起来，腮帮子鼓鼓的，吧唧吧唧声在教室里回荡。大家一看都乐了。

 就听到小可一边嚼着苹果，一边含含糊糊地说——

　　嘴巴一咬，甜甜的汁水就……冒了出来，这种苹果……苹果特别好吃。

只剩下耳了。

 小可挠了挠耳朵，想了想——

　　嗯……嗯……对了，吃的时候，耳朵能听到吧唧吧唧的声音。

这一下又把大家给逗乐了。小可一看，不少同学拿的都是苹果，自己的叫卖虽然热闹，但好像不是特别成功。

 小琪也拿着一个苹果上来，找丁丁老师要了一把小刀，切下一片苹果。她拿着这片苹果开始叫卖——

　　很多同学都有苹果，看到、闻到、摸到的都差不多，我就专门说说苹果的味道。

　　第一口咬到苹果皮，里面带着一点果肉，涩涩中带着点清甜，特别开胃。第二口咬到里面的果肉，汁水很多，带点微黄的汁水都溅到了我的手上，黏糊糊的，味道特别甜，就像吃着冰糖一样。第三口咬到了靠近果核的地方，甜中就带些苦了，不过有一种回甜在其中，特别提神。我的苹果是冰糖心苹果，吃起来口感脆脆的，欢迎大家来品尝购买。

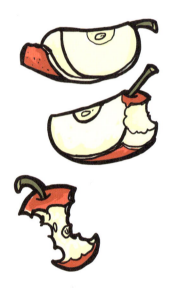

　　小琪的话刚说完，下面就有人嚷嚷着"我要一片""给我来一片"。丁丁老师把苹果切成了薄薄的几片。小可尝了尝，在那儿嘀咕："这不跟我的差不多嘛！怎么都去抢她的，没人理我的苹果啊？"

　　小涂附在小可耳边轻声说："小琪的一片苹果，都吃出了三层味道，这是高手啊，真正的高级吃货！"

　　最后，小琪获得"最佳水果摊摊主"称号。

2.清晰的五感观察表

　　小涂听着后面同学的观察描述，越来越觉得有趣，没想到一个简单的水果有这么多可说的。

　　接下来，丁丁老师给每个人发了一张五感观察表，教大家用关键词把观察到的内容填在五感观察表中。

小涂左手拿着菱角，右手开始填表。3 分钟后，他完成了填写。

眼睛	棕黑色，尖尖的角，牛角，八字胡，里面是白色的
手	坑坑洼洼，潮湿
鼻子	泥土的清香
嘴巴	软糯，甜丝丝的
耳朵	吧唧吧唧

然后，丁丁老师让大家做选择：观察自己的水果时，五感中哪一种最重要，就在它前面打个√。小涂想，观察菱角，还是眼睛最重要吧，因为菱角长得太有特点了。

小可和小琪都在"嘴巴"处打了勾。他们觉得苹果太常见了，眼睛、手、鼻子、耳朵，说不出太多的不一样。

带香蕉来的同学，也选择了"嘴巴"。带葡萄来的，有的选择了"眼睛"，有的选择了"嘴巴"。

最后，丁丁老师让大家试着在感官描述里用上比喻或拟人手法，让描述更生动一些。

同学们都开始分享自己的描述。小涂听了大家分享的句子，觉得下面几句确实很生动：

- 我狠狠地咬了一大口苹果，甜味一霎时涌到我的心里来了，好像妈妈怀抱里的温暖。
- 葡萄身上有一层星星点点的白霜，看来它挺喜欢打扮自己，每天在那涂脂抹粉的。
- 石榴籽儿一粒连着一粒，就像粉红色的水晶石，挤爆了圆鼓鼓的瓶子。

今天过了把小摊主的瘾，还饱了口福。小涂想，要是天天都上这样的写作课就太好了。

他发现，观察可以吃的东西时，能很好地综合运用五感，把"物"认识得更全面。

看看别人怎么写

小而香甜的葡萄

胡楚翌　福建省厦门市集美小学四（5）班

摘下一串葡萄，捧在手心，就像捧着一串紫珍珠，晶莹剔透，每颗葡萄颜色都与众不同，黑紫色、紫罗兰色、青紫色，一颗叠着一颗，越往上颜色越深，味道也越甜。

葡萄皮如亮紫色的丝绸缎面一般顺滑光亮，手指轻轻抹过去，会沾上一些星星点点的白霜，像是葡萄为了打扮自己，涂脂抹粉了一样。再凑近一闻，一种淡雅的甜味，混合了草莓的甜和柠檬的酸，钻入我的鼻腔。

从葡萄蒂开始一片片轻轻剥下葡萄皮，一粒大拇指大小的、绿水晶般的果肉就呈现在眼前，它滚圆饱满的"身材"显得小巧又可爱。扔一粒到嘴里，圆溜溜的，一股脑儿吞了进去，还没来得及品尝就下肚了，留下舌尖的酸甜味。我想：不过瘾，再来一个！

这次，我先用牙齿咬破一点点，很多汁冒出来，但并不是很甜，酸酸的味道刺激着牙帮子。再咬一口，葡萄才释放出它的香甜味，更多的汁水钻入牙缝，迅速填满了整个口腔。

手上的葡萄汁顺着手臂滴在桌上，苍蝇寻味而来，嗡嗡嗡"觊觎"着我的葡萄，还胆大包天地飞到我的手上。

 细致的五感观察，让读者也感受到了葡萄的好吃。胡楚翌把重点放在了味觉部分，前后两次吃，先快后慢，把小小的葡萄吃出了多个层次。

丁丁老师技法小课堂

五感观察全面认识物

观察不是单一使用眼睛或鼻子，往往是综合使用五感，这样才能获得对物的全面认识。怎么综合使用五感，主要从三个方面着手。

（1）填写五感观察表

可以自己制作一个五感转盘，一边转动五感转盘，调动不同的感官观察，一边快速填写观察结果的关键词。这样既能写得全面，又能记录瞬时的灵感。

观察要细致，可以用上对比观察和多角度观察。就像小琪，一片苹果吃出了三层味道。

（2）组合中分主次

五感观察表相当于内容梗概，要变成观察日记或文章，需要把它们组合在一起。组合的过程中，要有主次之分。五感中哪一个最重要，它的观察就要最细致，所写的文字也要最多。

同时，为了让描述更生动，可以尝试用上比喻或拟人手法。

（3）去掉描述的废话

观察文章里，最容易出现一些废话，比如，"我摸一摸""我尝了尝""我闻了闻""我眼睛看到了"，等等。

你所看到的颜色、形状等内容，肯定是用眼睛看到的，所以不需要把这些写在文章里，这些都是口语中的一些习惯，不够简洁。

　　拿出一种能品尝的东西，可以是水果，也可以是其他食物，用上五感观察法仔细观察。先试着填写五感观察表，再把它们组合成一篇观察日记。

（四）合理联想把物写活

这是丁丁老师布置的新任务：回家拿出任意一个文具、玩具、水果或其他食物，放在小台灯下，看它是否会跟你说话，说了什么话。

小可急了："这怎么可能，它们哪里会说话？"

小涂一时也不知道该怎么办，是不是老师布置错了呢？

只有小琪神秘一笑，眨眨眼睛说："老师是让我们想象这些东西会说话呢，把它们都当作人来看待。"

1. 我可是有脾气的

上课前，大家都在互相打探带来的东西都说了些什么，担心自己一旦被抽中不知道说什么。

丁丁老师一进教室，就感受到了大家怪异的目光。他并不着急，只说今天要欣赏画家周翔的绘本《一园青菜成了精》，文字内容改编自北方的童谣。

绘本一展示，孩子们都笑了。这些青菜真的成了精，一个个变成了人一样，竟然打起架来——

> 出了城门往正东，一园青菜绿葱葱。
> 最近几天没人问，他们个个成了精。
> 绿头萝卜称大王，红头萝卜当娘娘。
> 隔壁莲藕急了眼，一封战书打进园。

豆芽儿跪倒来报信，胡萝卜挂帅去出征。

笑声停止后，丁丁老师的问题马上来了："为什么是莲藕急了眼？能不能是白菜急了眼？"

小可第一个举手："书上就是这么写的，那肯定不能改啊！"

小琪说："是不是因为莲藕中间有很多孔，就像一只只眼睛一样，所以说急了眼啊？"

教室里响起鼓掌声。

"那为什么是豆芽儿跪倒来报信呢？不能是其他青菜来报信吗？不能跑着来报信吗？"第二波问题又来了。

小涂有些明白了，他回答："豆芽儿细细的，长高了点，就会弯下去，特别像跪着的样子。这些青菜虽然成了精，可行为还是符合它们本来的特点。"

小涂这次真厉害，把丁丁老师要说的准确地表达了出来。

"怎么让物品说话？首先要通过五感观察抓住物的特点，然后引申出相应的性格。我们前面几节课都在训练观察，抓住物的特点，就是为了今天的技法升级。现在，有了这个方法，就请你再对照自己的物品，找到它的性格——物品们可都是有脾气的。"

听到丁丁老师的话，有同学拿出了桃子，说它不爱干净，身上总是毛茸茸的，摸着就很脏。

还有同学拿出钢笔，说它性格很豪爽，每次写字，墨水都出得特别多，有时一大摊流在纸上。

 小涂摘下眼镜，想起了昨天在灯光下一直思考的问题——

我的眼镜是个热心肠，我每次看不清时，总是它出来帮助我。只是它平时不注意保持身材，有点胖，是不是应该减肥呢？它昨天还跟我说，它工作挺累的，希望有一天我不需要它了，它就可以好好休息休息。

 小可把手里的篮球抛了两下——

我的篮球脾气挺大，总是气鼓鼓的，一幅欠揍的样子。你天天对着地面打它，它反倒高兴了。要是放在那不打，它就容易蔫，软趴趴的。

2. 我和小主人的秘密

丁丁老师提醒大家，从物品的特点出发，拎出它的性格，这其实就是拟人。不过，只写特点引申出的性格还不够，还需要围绕性格想相关的故事，这样物品才能真正"活"起来。

小涂觉得，这特别像写人，比如写自己和写爸妈时，都要有性格，然后有和性格相关的故事。写人、写物，外在看起来不同，内在却有着相似的思维过程。

小涂在本子上写了一个"热心肠"，这是他眼镜的性格。然后，他开始想事情。

他想起自己跟妈妈去电影院，坐在后面总觉得看银幕有些模糊，需要眯起眼睛。妈妈带他到医院一检查，发现原来是他近视了。配上眼镜后，看远处一下就清晰了，不用再眯着眼睛；去公园观察昆虫，昆虫的毛、小小的脚、翅膀上的花纹也都看得清清楚楚了。

 小琪分享了自己和书的故事——

这本书书页很薄，能透字，翻的时候会发出悉悉索索的声音，仿佛在为吸引了我而开心地浅笑。它可"娇气"了，翻页时力气太大，它就会裂开一条缝，并发出嘶嘶的声音。有一次，我上课时翻看它，不小心用力大了点，"娇气"的它立马发出了"抗议"声，引起了老师的注意。

看看别人怎么写

脾气古怪的钢笔

孔子涵　湖北省武汉市硚口区崇仁路小学五（1）班

钢笔呈圆柱形，整个身体像穿了一件花哨的紫红外套，上面仿佛涂了蜂蜜一般散发着油腻腻的光。打开笔盖，连笔尖上的花纹都花里胡哨的。

它是班主任老师送给我的礼物，看起来真像一个塌鼻子、小眼睛、大嘴巴的小丑。我给它取了个外号——大妈钢笔。老师，您可千万别怪我，它确实够丑的。

我把它放在笔盒的角落里，虽然带到学校了，但不用它。毕竟，你已经有了一辆黄金做的马车，还会去乘坐用木头做成的破烂马车吗？

我的"黄金马车"钢笔，那才叫炫！纤细的身段，夜空般深邃的蓝色燕尾服，笔尖不钝、不尖，写起字来很流畅，比大妈钢笔好多了。

大妈钢笔特别妒忌蓝色钢笔。它来的第二天，蓝色钢笔就出事儿了。

蓝色钢笔从学校的书桌上滚了下来，当时它没戴头套，摔下来便骨折了，还得了个轻微脑震荡。没办法，我只得拿出那丑得不想看的大妈钢笔做作业。

还没开始写呢，大妈钢笔就已经喝足了墨水，嘴里还打着饱嗝。我的手轻轻一抬袖子，大拇指和食指带动笔杆，在作业本上发出像蝉鸣一样的嗞嗞声，一个个扁平圆润的字就神奇地亮相了，稍稍带着一点清香味。写完一句话，我立刻表现出无比烫手的样子，有意无意地把大妈钢笔丢到桌子边缘，想让它掉下去，可看着它的样子，又有点不忍心。接着，我又拿起笔，牙齿咬紧舌头，想写出蓝色钢笔的那种笔风，但按得太用力，把大妈钢笔弄疼了，笔尖的一道花纹分开了，墨汁喷到了我的脸上、桌子上。好你这个钢笔，还敢跟我耍脾气！

　　我虽然这么说，但害怕得很，生怕它再一喷墨，把我前面写的句子全都染上，那样我这作业可就白做了。

　　我只能轻轻地，小心翼翼地，提着笔尖写作业。写着写着，竟然练成了一种柔中带刚、刚中带柔的字体，当天的作业还受到了老师的赞赏。

　　回到家，拿出那支大妈钢笔，心想该给它换个名字了。此时，我怀有敬意，生怕再惹它，它又喷我的作业。

 　　一支钢笔，真的是被孔子涵写活了。它有个性、有脾气，再联想到它的来历，更让人觉得它成了班主任的化身，让人又爱又怕。

丁丁老师技法小课堂

合理联想写得活

从写得像到写得活，写物提升了一个层次。要想写得活，就需要合理联想，让万事万物都变得像人一样。

（1）写得像

要想写得活，首先要写得像，这是写物的基本功。怎么写得像？就要运用五感观察法，用眼睛、鼻子、耳朵、嘴巴和手这五个感官去观察物，获得一个全面的印象，并拎出特点。

（2）写得活

这就要从物的特点出发，赋予物性格。绘本《一园青菜成了精》提供了很好的借鉴。书里的青菜们，都有着和各自外形特点相符的性格。比如：小葱端起银杆枪，一个劲儿向前冲。小葱的特点是细长，很容易让人联想起外形也很细长的银杆枪，它给人的感觉就是既勇敢又有点毛躁。

静止的植物都能让人联想出像人一样的性格，动物有了活动，就更容易抓住特点，拎出性格。比如老舍在《猫》中这样写猫的性格——

> 猫的性格实在有些古怪。说它老实吧，它的确有时候很乖。它会找个暖和地方，成天睡大觉，无忧无虑，什么事也不过问。可是，它决定要出去玩玩，就会出走一天一夜，任凭谁怎么呼唤，它也不肯回来。说它贪玩吧，的确是呀，要不怎么会一天一夜不回家呢？

　　除了性格特点，还要写发生的故事。冯骥才在《珍珠鸟》中，围绕珍珠鸟的胆子，写了它由害怕人到亲近人的过程：从不出来，到渐渐敢伸出小脑袋瞅瞅，再到只在笼子四周活动，随后就在屋里飞来飞去，后来胆子大了落在书桌上，还蹦到杯子上俯下头来喝茶，接着放开胆子跑到稿纸上，甚至啄两下"我"的手指，最后竟趴在"我"的肩头睡着了。

　　这个变化的过程，就是珍珠鸟和"我"之间的故事。从这个故事中，我们又能看出小鸟性格特点的变化。

　　找出生活中的一件物，可以是植物、动物或物品，先用五感观察，拎出特点，完成"写得像"；接着根据特点赋予性格，写出物和你之间的故事，完成"写得活"。

（五）旧物要写出情感

还要带物品来上课！

丁丁老师好像跟物品杠上了。不过，这一次，丁丁老师让大家带的是旧物，而且用的时间越久、越破旧越好。

小涂猜不到老师又要玩什么花样，他带来了一支旧的自动铅笔。小琪带来了一条旧毛毯。小可带来了一辆旧的玩具警车。

1. 东西怎么旧成这样

旧物一摆上桌面，看起来有点惨不忍睹：灰扑扑、黑黢黢的，有的竟然还发霉了。丁丁老师让大家先采用对比观察和多角度观察，写一写旧物的样子。

 小涂抓起桌上的自动铅笔就想去咬笔帽，这是他特别喜欢做的事，可现在这支笔都没什么地方下嘴了。一番观察后，他写道——

> 我的自动铅笔用了快四年了。本来是深蓝色的，现在成了浅蓝，掉了漆的地方就是一块白。笔帽已经被我咬得凹凸不平。最上面它自带的橡皮，早就用完了，盖子也不知道到哪去了。铅笔杆上粘有一个说明贴纸，下面的一个角翘了起来，上面被我用刀子刮掉了一截。闻起来，还有

一股汗臭味。

 小可也写完了，站起来跟大家分享——

> 我的玩具警车掉了很多漆，一块白、一块黑的。左边的窗户也掉了一块，右边的后轮也掉了。本来装上电池，它就可以往前跑，还会发出"哇儿哇儿"的警报声。现在呢，都坏了。

小涂扫了一眼小琪的旧毛毯：左上角破了好几个洞，破洞又用绿色布料勉强缝补起来，格外难看。

最惊奇的是，小涂还看到两个特别的旧物：一个同学带了一张糖纸，揉得有点皱巴巴的，颜色还算鲜艳。另外一个同学带来了一根冰棒棍，颜色看起来很深，估计有些年份了。

2. 我可不扔，我要留着

丁丁老师转了一圈，发现大家都已经记录了旧物的样子，就拿来一个垃圾袋："东西的样子写完了，它们也没什么用了，而且都这么旧了，那就丢了吧。"

丁丁老师一边说着，一边走到小琪的身边。小琪紧紧抱着毛毯，背过身去："我才不丢呢。我都已经想好了，回家后，剪掉坏了的地方，做成一个小金鱼毛毯。"

"小琪的理由还比较充分。毛毯虽然旧了，但还有用。"

到了小可这儿，他赶紧把玩具警车塞进了书包里："我不要扔，我就喜欢警车，旧的我也喜欢。"

"旧的也喜欢，也算一个理由吧。"丁丁老师拿着垃圾袋走到了小涂这儿。

小涂脸有些红，手微微发抖。他看了看手中的自动铅笔，把它放进了笔盒里。那里已经有一支新自动铅笔，旧笔一放进去，显得特别不搭。

"我不想扔。这是爷爷在我 6 岁生日时送给我的，我特别喜欢。后来虽然旧了，可一拿起它，我就想起爷爷。"

丁丁老师鼓起掌来："像小涂这样一说，旧物的含义就完全不一样了。它代表着爷爷对他的爱，那肯定不能扔。那你此前有嫌弃或讨厌它的时候吗？"

小涂的脸更红了，想不到小秘密又被老师发现了。

"我确实嫌弃过这支笔。当时，同学拿出他新买的高级铅笔在我面前炫耀，还让我用了用，真的挺好用的。而我的铅笔刚好那天出事了，笔芯总是断。"

"那你后来怎么改变了看法呢？"

"回家看到绘本《爷爷一定有办法》：老爷爷用自己的巧手和巧思，把孙子心爱的破毯子先后改成外套、背心、领带、手帕等。我觉得再旧的东西都有作用。更重要的是，它让我想起了爱我的爷爷。"

丁丁老师转了一圈，没有收到一件旧物。就连最应该被扔掉的糖纸和冰棒棍，背后都有感人的故事。糖纸背后的故事是：那位同学偷吃糖被妈妈批评了，后来糖纸被收藏起来，用来警醒自己不说谎。冰棒棍背后的故事是：那位同学夏天去爬山，又渴又累，只想吃冰棒，不肯爬了，于是，爸爸顶着烈日往上爬了好久，到休息站买了冰棒，再折回来给他。这件事让他念念不忘。

看看别人怎么写

课本里的一张糖纸

华绎晴　湖北省武汉市常青实验小学三（2）班

我的课本里夹着一张糖纸。

那是假期里的一天，我陪妈妈来到超市买东西。糖果区一个五彩缤纷的盒子吸引了我的目光。我兴冲冲地跑过去，捧在手上，求妈妈买下来。可妈妈说："你看你，牙齿都烂了，再吃下去牙齿都要掉光的。"看着这一颗颗像宝石一样的糖果，我不自觉地拉着妈妈的手摇起来，耍起了无赖："求你了，我今天就买这一个东西，回家了我一定好好刷牙。"妈妈看着我这副样子，笑了笑，无可奈何地对我说："那好吧，但你每天就只能吃一颗。"

第二天早上，我一点睡意都没有，早早地起了床。等到爸妈上班出门了，我拿出了糖果盒，可怎么都打不开盖子，只弄开了一个小口。没办法，我太想尝尝了，把手伸进去，不停摇晃着糖果盒，像抽签一样摸着，摸着，终于摸出一颗，一看居然抽到了我最想吃的西瓜口味。

我打开包装，一阵西瓜味迎面而来。晶莹剔透的糖果软软的，我用牙咬了一小口，好甜啊！糖果一下子就吃完了，可我还是老想着它的味道，连要完成的作业都写不下去了。我又蹑手蹑脚地走向糖果盒，刚要进厨房，就差点被门槛给绊了个头朝下，我的心都要跳出来了。我来了个深呼吸，手又一点一点慢慢地在糖果盒里面摸了起来，抓住了一颗，赶紧把手抽了回来，快速地剥开糖纸，一口吞了进去，包装纸则丢进了垃圾桶。然而，万万没想到，妈妈晚上回来在厨房做饭的时候发现了两张糖纸，问我的时候我还不承认，她严厉地批评了我。

我把第二张糖纸留了下来，放在语文书里，时时刻刻提醒自己。

 这是有故事的糖纸。旧物的来历写得很清晰，特别是中间拿糖的过程，动作和心理细节很细致，写出了现场感，读起来很有吸引力。

丁丁老师技法小课堂

旧物要写出情感

孩子总喜欢搜集各式各样的旧物，很多时候爸妈打扫卫生，恨不得把这些旧物一把全扔了，可是他们不知道，这些东西对孩子很重要。

一件不起眼的旧物，注入情感、加入故事后，就有了温度，有了生命，是非常好的写作素材。旧物要写出情感，主要从三个方面着手。

（1）描述样子

首先要通过观察，写出旧物的样子，重点是旧物"旧"成了什么样子。

作家冯骥才在《书桌》一文中曾写到他的小书桌：

> 我有张小小的书桌。它又窄又矮，破旧极了。在外人眼里简直不成样子。上边的漆成片地剥落下来，残余的漆色变得晦黯发黑，连我自己都认不准它最初是什么颜色。桌面又满是划痕、硬伤，还有热水杯烫成的一个个套起来的深深浅浅的白圈儿。

"又窄又矮""破旧极了""漆成片地剥落""满是划痕硬伤""烫成的一个个套起来的深深浅浅的白圈"，这些从外观到使用的痕迹充分写出了书桌的"旧"。

（2）怎么得来的

得到它的那一刻，你或许很激动。它可能是亲人或朋友送给你的，也可能是你花了很多心思、付出很大努力才得到的，对你来说意义重大。把这个过程写清楚，才能为后面的情感做好铺垫。

（3）态度转变

这是最关键的一步。写旧物要写出味道来，有不一样的感觉，最好在情感上有一个转折，比如由讨厌、埋怨到珍藏的态度转变等。

在别人眼里，肯定觉得旧不如新，同学和朋友还会嘲笑你，或者你自己觉得拿出来没面子。可当你回忆起收到它的那一刻的激动时，你的心情又慢慢转变。此时，物不再是简单的物，而是代表了他人对你的爱和关心，有着浓浓的情感在里面。

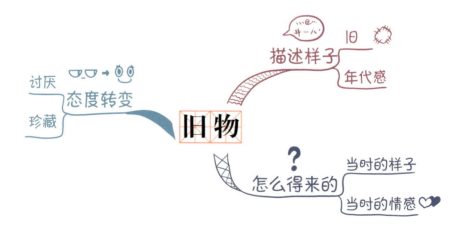

每课一练

　　找出你珍藏的一件旧物，根据写旧物的思维导图，写清它的样子、怎么得来的以及你对它态度的转变，最关键的是写出发生态度转变的故事。

（六）物没变化也可以写得活

快上课了，丁丁老师端着两个花盆走进教室，一个蓝色，一个绿色。大家凑上前一瞧，原来里面种了大蒜，松松的土没有完全盖住里面的大蒜，露出几个尖尖的白角。

1. 没变化时怎么办

"两盆大蒜，你们能猜出哪盆种了一天、哪盆种了两天吗？"丁丁老师眯着眼睛，嘴角带笑问大家。

"这怎么猜得出来！都是一样的，都没长芽啊！"小可第一个把大家的困惑说了出来。

"我来公布答案：绿色的是种了一天的，蓝色的种了两天。我们很多人都写过植物的观察日记，可很多时候观察对象就像这两盆大蒜一样，短时间内看不出什么变化，这时该怎么写呢？"丁丁老师右手在空中画了几个圈，意思是让大家开动脑筋。

小涂深有同感。前面训练的是五感观察，但这时五感不起作用了，因为每天看到的都是一样的。那只能这样写吗——

> 今天，我去看了看种下的种子，还没有发芽。
> 今天，我又去看了看，跟昨天一样，没有变化。
> 今天，已经第五天了，种子还没有发芽，土壤也没有任何变化。
> …………

 小涂想了想，有了主意。他站了起来——

> 种子没变化，可每天去看它的我有变化，我的心情在变化。我记得自己种三叶草的时候，很激动。第一天去看，期盼它快点长出来，可是没变化，我当时还安慰自己：别太心急，说不定明天就出来了。第二天去看，还是没任何变化，这时心里就有点着急了：会不会土盖得太紧，把它给闷死了？第三天还没变化，我都想把土刨开，看看种子到底怎么了。

小涂的话打开了同学们的思维，大家频频点头，好像真是这样的。

2. 如果自己变成物

小涂从自己的心情和猜想的角度来写物的变化，确实是个不错的方法，得到了丁丁老师的表扬。丁丁老师又问："还有其他方法吗？"

 小琪摸了摸鼻尖，一个想法冒了出来——

> 在写自己的课上，丁丁老师说过，可以从物的角度来

写"我"，比如从文具的角度来写小主人。那是不是也可以从拟人化的大蒜的视角来写呢，就是我在土里遇到了什么情况？

丁丁老师没有回答，只是请大家举手表决。十几秒钟后，大家的手都举了起来。

"既然你们已经找到了方法，那就用这个方法来试试吧！"丁丁老师鼓励道。

小涂想象自己变成了一粒大蒜种子，正躺在黑黑的泥土里，盼着早日钻出去。这时，可能有蚂蚁爬过来，"我"会向蚂蚁打探外面的世界；或者拱来一条蚯蚓，"我"会跟它聊聊土里的生活……

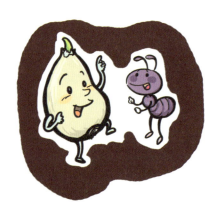

看看别人怎么写

观察日记

李泳哲　湖北省武汉市汉阳区西大街小学六年级

九月十七日　星期天　晴

今天，我住进了一个大房间，可四周怎么黑乎乎的呀？灰色的泥沙把我紧紧地包裹了起来，我好奇地看着这个世界。突然，我的上方传来一阵"沙沙沙"的声音。可能是下雨了吧，心里默默想着。一股水穿透厚厚的泥土渗了进来，我感到了一丝清凉，真舒服啊！就这样，我不知不觉睡着了。

九月十八日　星期一　多云

"噢——"睡得可真舒服啊！我懒散地伸了个懒腰，睁开蒙眬的双眼。四周还是一片黑暗，堆满了沙土。

我无聊地看着四周，不知道要干些什么。时间就这样一分一秒地过去了，我只能看着这些黑黑的沙土发呆。哎，希望明天能有所改善吧！

九月十九日　星期二　大雨

我仍然处在一片黑暗中，周围显得异常寂静。黑暗已压得我喘不过气来了，我非常焦急。

再也不能这样等下去了。我开始拼命往上钻，可上方的泥土实在太厚了，每向上顶一点，不一会儿便掉了下来。我要加油！我暗自给自己打气。

就这样，我努力了半天。突然，感觉到下面一震，往下一看：天啊，我竟然长出了一条腿！看着这条白嫩嫩的腿，我心里下定决心，以后要努力生长。

然后，我疲倦地睡着了。

自传可以变成其他类型的文章，李泳哲在这里就用上了。角度不同，写出来的文章也有了更多新意。不过，角度变了，观察的方法不能变，甚至观察还要更细致。这一点李泳哲做得很不错，比如第一天的内容，有大量细节性的描述和猜想，这些都是来自现实的观察。

丁丁老师技法小课堂

物没变化也可以写活

　　一块石头、面前的桌椅、刚种下的种子——它们都是不动的物品，要让它们在我们的文章里变得生动、写得活，除了抓特点、赋予性格外，还可以加入一些新方法，比如我们的猜想或者物的视角。

（1）我的猜想

　　物确实没变化，但作为观察者的你可以有各种变化。把不同的心情、猜想一一写出来，就会让人感觉物也在变化。比如，心里想：快点长出来吧！或者想：它是不是闷着了？又或者想：我不会是植物杀手吧？

（2）物的视角

　　将自己化身为物，从物的视角去感受周围的变化，这种写作方法更自由，可以写当时的环境，人和物的动作、神态、对话，物的内心活动，等等。

　　但是，所有的想象和描写都要符合物本身的特点，不能脱离了物去写、去假想。

　　用物的视角画一组简笔画，并配上简单的文字，让一个不会变化的物可以有变化，活起来。

（七）室内观察的基本功训练

快下课时，丁丁老师拿了一本书往上迅速一举，接着就把它藏到了讲台的抽屉里，然后问大家："你们看到了什么？"

"一本书。"

"这本书有什么特点呢？"

"老师，您动作太快了。让我们再看一次吧，慢一点，一定能看出来。"

丁丁老师摆摆手："不行。生活中很多事情都是这样转瞬即逝的，过去了就是过去了。难道你写作的时候，能让别人再来一次吗？"

教室里安静下来，但还有些嘀咕声，埋怨老师太苛刻了。

"不过，我相信你们一旦打开了观察的大门，练就了不凡的观察本领，就一定可以抓住眼前的一切。"

1. 家中物品都是观察对象

回到家，小涂就问爸爸，老师布置了什么任务。爸爸笑而不语。

睡觉前，爸爸陪小涂看绘本，这是多年以来的习惯。爸爸翻开《图书馆狮子》这本书，在第一页停留不到 5 秒就翻了过去，并马上问小涂："刚才画面上有什么？"

"这！这！这不是丁丁老师在课堂上玩的游戏吗？这就是老师

布置的任务？"

爸爸点点头。小涂努力回忆，但只能说出一头狮子闯进了图书馆。

爸爸又把书翻到第一页，让他仔细观察，先是整体，再看细节，然后再说一说。

这一次，小涂观察到了狮子怎么走的、柜台工作人员长什么样子，还注意到了图书馆墙壁的颜色、台阶的数量、窗户的形状，以及其他人的穿着、表情和动作等。

第二天，爸爸走进小涂的房间，让他出去 5 分钟，时间到了再进来。小涂再进来时，爸爸问他："房间里有什么变化？"

小涂找了一圈，发现书桌上之前放着的一支蓝色钢笔不见了。

接下来的几天，爸爸每天都会冷不丁地出个题，家中的任何物品都可能成为训练对象。有时是一个花瓶，要小涂说出特点；有时是两盆水仙花，要小涂说出它们的不同。

2. 感官隔离的观察游戏

过了几天，爸爸又拿出了几个木质的"胡椒瓶"。

爸爸嘴角带着一抹神秘的微笑，对小涂说："这叫嗅觉筒。"他之前已经用三块小布，分别沾上了醋、咖啡粉、黑胡椒，放入了三个嗅觉筒里。现在，他要给小涂的眼睛蒙上一块黑布，让他用鼻子去闻，判断每个筒里装的分别是什么。

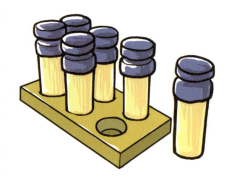

不用说，这肯定又是丁丁老师的主意。爸爸解释，这叫感官隔离训练，把不同的感官隔离开来，一个个训练，这样能让每种感官

都变得更加敏锐。

闻了一遍，小涂全判断对了。爸爸又说："你来具体描述一下自己闻到的气味。"

小涂选择了咖啡粉。他一边用手扇，一边使劲抽动了几下鼻子——

我觉得像是巴旦木这种坚果的气味，好像又有点焦糖香。

根据丁丁老师的要求，爸爸有时蒙上小涂的眼睛，让他品尝东西，说出分别是什么，并描述味道；有时让他听声音，判断它来自哪个方向，是怎样的声音；有时让他去摸物品，说一说摸到的感觉是怎样的。

小涂把这种练习戏称为侦探培养训练。不过，一段时间后，他变得特别细心了。比如，一进家门，看到妹妹的鞋没摆放整齐，小涂就会问她是不是回家急着上厕所，把鞋胡乱甩了下来。

看看别人怎么写

牡丹鹦鹉

朱勃睿　华中师范大学附属小学五年级

我们家有一只牡丹鹦鹉。它背上的羽毛像深绿色外衣，肚子上的羽毛像浅绿色衬衫。它的嘴巴是红色的，"漆红"了嘴上下的一大片。眼睛特别大，眼皮是白色的。它闭眼的时候，如果你不仔细看看，还以为它在对你翻白眼呢！

它的嘴足以让你胆战心惊。如果你不小心碰到了它，它就会用钩子般的嘴钳住你的肉，再迅速用下嘴夹紧。直到你的手指有个洞的时候，它才会满意地松开嘴。

牡丹鹦鹉的爪子也是极其可怕的武器：那双爪子上有很长的指甲，尾部逐渐变尖变弯。如果你想尝试一下，就去把它从笼里抓出放在手上。它先把爪子伸进你的皮肤里，再使劲往外一拉，你顿时会感到一阵剧痛。低下头，你会发现手上可能少了一块肉！但有了爪子，牡丹鹦鹉还可以表演"倒挂金钩"呢！它先用两爪紧紧地抓住笼子上面的铁丝，头从两腿之间钻过，轻松翻个跟头，又稳稳地落在了笼子的"二楼"。

 如果没有被鹦鹉狠狠抓过，朱勃睿绝对写不出这么优秀的文章。这也教给我们一种观察的方法：不能仅仅用眼睛看，还要勇敢一点，动用更多的感官去摸、去闻、去听等。比如写仓鼠，可以让它在手心手背爬一爬；写落叶，可以捏碎感受一下。当然了，前提是保证自己的安全。

丁丁老师技法小课堂

室内观察的基本功训练

观察对于小学生来说，就像阳光、空气、水分对于植物一样，必不可少。它是贯穿人一生的训练。

（1）确定对象

家里只要是孩子感兴趣的东西，都可以成为观察对象。也可以由父母帮孩子确定观察对象，并创造观察条件。比如，养养小金鱼、小乌龟，种点花草等，让孩子观察这些小生命的生活情况，了解它们的成长过程。

（2）方法内容

观察内容可以主要体现为观察变化，先重点进行感官隔离训练，再综合运用五感观察法。

法国画家莫奈——这位印象派代表人物，对着同一垛稻草堆连续画 15 幅画，把朝、夕、晦、明背景下的稻草堆受光的各种状态描绘出来。画画如此，写作也可如此。

（3）记录结果

俄国著名作家托尔斯泰说："身边永远要带着铅笔和笔记本，读书和谈话时碰到的一切美妙的地方和话语都把它记下来。"我们平常要养成写观察日记的习惯。

观察日记积累到一定的量，就可以再度创作，拎出观察日记里最重要的内容，改写成写物文章。

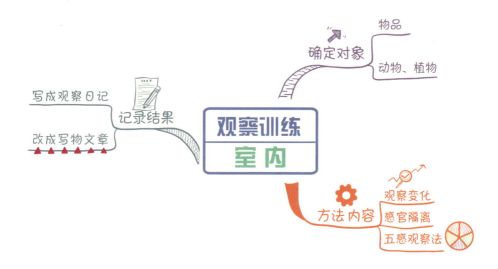

确定对象
物品
动物、植物

写成观察日记
改成写物文章
记录结果

观察训练
室内

方法内容
观察变化
感官隔离
五感观察法

每课一练

　　我们平时要养成观察和写观察日记的习惯，一个星期至少完成一篇观察日记。一个阶段集中在一样东西上，然后慢慢观察更多东西。请你把其中一篇观察日记写在这里。

（八）室外观察的基本功训练

这次的创意写作课，地点转移到了公园，每个孩子至少由一位家长陪同。丁丁老师宣布任务有两项，具体如下：

第一项：寻找公园里的一种昆虫或植物，拍照片、视频，并记录观察结果。像法国著名昆虫学家法布尔一样，学着去观察大自然。

第二项：到公园附近的菜市场，观察蔬菜和卖菜买菜的人，并采访他们，有礼貌地询问你想知道的事情。像大侦探福尔摩斯一样，学着去观察相关的物、人和事。

1.发现了"黄瓜毛毛虫"

面对第一项任务，小琪在一株黄菊花前停下了脚步。她先远远地瞄了瞄，再凑近瞧了瞧，接着用鼻子闻闻花瓣，还用手轻轻摸了摸花朵和叶子。她一边观察，一边记录着观察结果。

小可找到了一只竹节虫。他开始还以为那是根棍子，准备拿起来戳土时，"棍子"动了一下，吓得他赶紧缩回刚伸出去的手。妈妈走过来告诉他，那是竹节虫。

小涂最喜欢看的书就是法布尔的《昆虫记》，他还常跟爸爸到公园看湖里的野鸭、青蛙，看树上的蝉，看地上爬来爬去的蚂蚁。这一次，他和爸爸在一块浅灰色的岩石上发现了一只毛毛虫，看起来就像缩小的黄瓜一样，小涂给它取名"黄瓜毛毛虫"。

小涂记录下他的感觉，这段文字后来还得到了丁丁老师的表扬——

灰色的石头上，趴着一条青绿色的毛毛虫，特别显眼。仔细看，毛毛虫的身体是一节一节的，我数了数，一共有 10 节，每一节上各有一个小黑点。它青绿色的外衣上，还有几条黄色的竖条纹，从头到尾，把每一节连了起来。

我强忍着内心的害怕，慢慢地伸出手，用右手食指碰了碰它，一阵凉意从指尖传到手臂，让我忍不住打了个哆嗦。我又大着胆子继续摸了摸，这才发现，它的身体软绵绵的，碰着还挺舒服。

2. 嘈杂的菜市场

还没进菜市场，有的孩子就打退堂鼓了，觉得里面气味太重，不想进去。不过，丁丁老师还是鼓励家长带着孩子们走进去。"我们的生活不全是阳春白雪，还应该有很多泥土气息，要懂得它们在一起才是生活的全部。"

小涂对这里很熟悉。平时妈妈总带着他逛菜市场，还教他怎么挑菜、怎么讨价还价。他在一堆黄瓜前停住了脚步，觉得黄瓜新鲜，就让爸爸买几根黄瓜。爸爸赶紧问："为什么选这里的，不选其他摊位上的呢？"

爸爸这是把丁丁老师的那些方法都偷学了过来——喜欢追问细节。

 小涂拿起一根黄瓜，开始现场"教学"。小琪和小可也围了过来——

这里的黄瓜鲜绿，刚成熟。要是黄色或近似黄色的瓜，那就是熟过度了。手摸在上面，有刺，但刺不多，扎手。如果刺多，口感不好，容易伤到嘴巴；刺都是软软的，那说明放的时间长了，在筐子里滚来滚去，都磨掉了。握在手上，还特别硬，也说明新鲜。放久了就是软的，皮也蔫蔫的。

周围噪音实在太大，小涂大着嗓门说完这些，感觉嗓子都疼了。这时，五十多岁的菜摊阿姨冲他竖起了大拇指："小小年纪，就是挑菜高手啊！"

卖锅盔的一对夫妻

阮婕　湖北省武汉市常青实验小学五年级

"妈妈，我要吃锅盔。对了，阮婕你吃吗？"我的吃货好友王子洺又吵着吃锅盔。这回，我也挺想吃，也买了一个。

这是一对夫妻，他们天天晚上来这儿卖锅盔。两人看起来都挺年轻的，可是手虽没有熏出树皮的颜色，却爬满了皱纹。

第一次碰见他们，是在5小区北门。天已不知不觉黑了，只是城市里还很明亮，我正和王子洺一起回家。刚出地铁后走一段路，就看见前面有一群人围在一起，正伸着手或看着什么。那里一片亮光，人声嘈杂，我决定与朋友一起去看看。

我们狂奔过去。光亮而人多的地方，有一个小摊儿，摊名"李记锅盔"，摊主便是那对夫妻。我们俩一人买了一个。

我正巧在离炉子最近的地方，看见那位丈夫在不停地揉面、压面，手上青筋鼓了起来，还有几滴汗滴在了地上。再看妻子，一面接过丈夫做好的面饼，把它贴在炉壁上烤，一面招呼在一边焦急等待的人们："别离火炉太近，站在远一点的地方等！"声音很朴素。

一看人这么多，生意这么好，赚的钱也很多很多吧？可是，炉子边放着的那个小碗里，却都是1元、5元、10元的。再看价格表：白糖的4元，梅菜扣肉、鲜肉……好多都只有5元，最贵的也只有8元。我又想起了爸妈的工资收入，要比他们好很多。这辛酸的一幕，如刀割一般，留在了我的脑海深处。

他们卖锅盔没有办许可证，所以还要面对一个更可怕的难题——城管。记得有好几次，我和王子洺一人买了一个锅盔，可还没做好，这对夫妻就如败阵的士兵，惊慌失措地骑着支撑小摊的大电动车离开了。我们这些食客们就像沸腾的水一样，议论纷纷。有人指责他们"怎么能丢下我们"，有人疑惑不解，还有人干脆干自己的事去了。

不一会儿，那位妻子来了，低垂着头，双手搓着围裙："刚才大老远地就望见了城管，我爱人躲着呢。你们放心，锅盔好了我去帮你们拿，大家安静一下，不好意思。"我探头一瞧，哦！城管的车就在离我们不远的地方呢。

 像阮婕这样走进社会，观察家庭和学校之外的人或事，就把生活圈子打开了，有了更多可以写作的素材。更重要的是，孩子懂得了悲悯，懂得尊重处于社会底层的普通劳动者。

丁丁老师技法小课堂

室外观察的基本功训练

很多孩子害怕写作，一写文章就"头疼"，为什么？因为脱离了生活。怎么才能激发起孩子观察事物的兴趣？答案就是：走进大自然，走进现实生活。

不是一定要储备一个长长的假期，到某个风景特别秀丽的地方去旅游。晚上和家人一起在附近的湖边转转，周末到小公园呼吸下新鲜空气，都是走进大自然。

走进社会就更加重要了。陪父母去买菜，街头散步，能让孩子走进书本之外的另一个世界，那里有嘈杂，有冷暖，有柴米油盐，有掺着烟火味的生活气息。

（1）自然的超俗美

大自然特别神奇，藏着无数秘密等待我们去发掘。随便一只小虫子、一株植物，或一块普普通通的石头，都可以观察出精彩的内容。

法布尔在《昆虫记》中这样描述蝗虫蜕皮[①]——

> 首先必须让旧外套裂开。在前胸前端下部，由于反复一张一缩的缘故，推动力便产生了。在颈部前端，也许在要裂开的外壳掩盖下的全身都在进行着这种一张一缩的反复运动。关节部位薄膜细薄，可以让人一眼看到在这些裸露地方的张缩运动，但前胸中央部位因有护甲挡着就看不

---

① 法布尔.昆虫记.陈筱卿，译.北京：人民文学出版社，2021：238.

出来了。

蝗虫中央部位血液在一涌一退地流动着。血液涌上时宛如液压打桩机一般一下一下地撞击着。血液的这种撞击，机体集中精力产生的这种喷射，使得外皮终于沿着因生命的精确预见而准备好的一条阻力最小的细线裂开。裂缝沿着整个前胸的流线体张开，宛如从两个对称部分的焊接线裂开一样。外套的其他部分都无法挣开，只有在这个比其他部位都薄弱的中间地带裂开。裂缝稍稍往后延伸了一点，下到翅膀的连接处，然后再转到头部，直到触须底部，在此处分成左右短叉。

背部从这个裂口显露出来，软软的，苍白的，稍稍带点灰色。背部在缓慢地拱起，越拱越大，终于全拱出来了。

（2）社会的烟火味

我们要走进社会生活，走近不同的人，接触更多接地气的生活。"会呼吸的文章"就来自这样没有被过滤掉的生活，这里有鲜活的物，更有一个个带着体温和故事的人。

比如走在路上，对面过来一个人，家长和孩子之间或小伙伴之间就可以来个观察比赛；或者在火车站，猜猜周围等车人的职业和相关信息。这样就从简单的观察物，过渡到观察人。经常进行这样的训练，会逐渐养成观察的习惯，特别是对细节的捕捉会更到位。

物

人

社会的烟火味

观察训练

室外

自然的超俗美

观察细致

带有情感

　　找个合适的时间，走进大自然，看看有什么惊奇的发现，或许是一只虫子、或许是一块石头，又或许是一株植物。记录下它们的情况。

　　或者走进社会生活中，留意身边的小贩——摆地摊的、挑担子的，感受他们在这座城市遇到的冷暖，写出他们的故事，写出你对他们的情感。

　　题目自拟，字数 400 字以上。

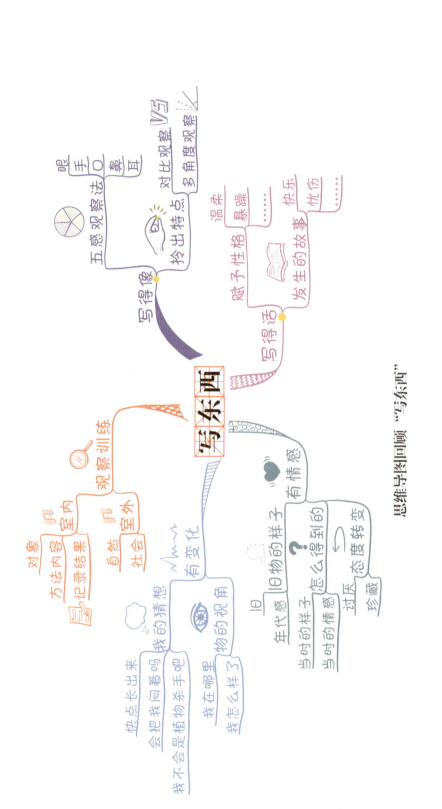

思维导图回顾 "写东西"

二 写游记：
怎么写得别有一番趣味

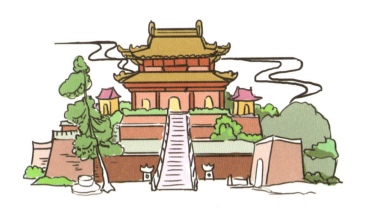

（一）对比中抓住景色特点

（二）游记开头结尾丢掉套路

（三）景点要学会取舍

（四）重要景点如何详写

（五）景中怎么写人写事

（六）游记怎么写得有历史厚度

写游记看起来挺容易，一路走、一路往下写就好了。可是，这样写下去，最容易写成流水账，而且你写的景色和别人的还容易"撞衫"。

那怎样才能写得独特？

要想把游记写得独特，你得做一个"有心人"，一个善于发现、善于询问、善于积累的人。这样的人，游玩时就不会只是走马观花，而是放慢自己的脚步，在那些特别的地方驻足观赏，真正做到"慢慢走，欣赏啊！"

（一）对比中抓住景色特点

小涂书包上别了一个民族风挂件。他走进教室时，挂件左右晃动着，特别显眼。他来到座位前，刚想跟小可好好说说挂件的来历，却瞟到小可的书包上挂了一个一模一样的。再放眼整个教室，大家都在讨论长假旅游的事情，并摆上了从景区买的各种小纪念品，一个个看起来特别熟悉。

1. 我们爬了同一座山吗

这是长假后的第一节课。丁丁老师在放假前布置了一个任务：介绍一个游玩的景点。今天额外加了一个条件：介绍时不能说出具体地名，只说那里的景色是怎样的。

丁丁老师让大家先来说山。

小可第一个站起来，他开口就说"长假我跟爸妈去了……"，还好马上把嘴捂住了——

　　这个地方的山，简直是鬼斧神工，特别有趣，有各种各样的形状。周围都是云雾，登高望远，风吹着特别舒服。

另外一个同学紧接着站了起来，眼里闪着光，仿佛已沉浸到即将描绘的景色里——

　　我去的那个地方，山很特别，很高，形状很怪。站在山顶看山脚下，挺让人害怕的，旁边云雾缭绕。

小涂正想站起来说说自己去的地方，这时小琪提出了一个疑问："丁丁老师，我怎么感觉这些山都差不多，难道他们爬的是同一座山？"

听到小琪的话，小涂举到半空的手迅速放下了。

"小琪说得很有道理。下面，我们稍微改变一下规则：介绍的同学说完后，大家可以猜猜是什么地方。"丁丁老师笑着点点头。

 小涂去的是武当山，他在推了两次眼镜后，站了起来——

> 这地方的山很高，石头很怪，跟小可说的一样，有种鬼斧神工的感觉。不过，山上有庙，而且可以看到很多古树。

"是南岳衡山吗？"

"武当山？"

"峨眉山？"

"华山？"

丁丁老师只是微笑着看着大家，并不让小涂公布答案。小涂大概猜到了老师的心思：大家说的景色没有抓住特点，就像写人写物没有抓住特点一样。

接下来，丁丁老师又让大家说水。

毫不意外，大家说的无非是水特别干净，像一面大镜子，能映出太阳和云朵；水还特别绿，就像一块巨大的翡翠；坐船漂在水面，心会特别静。仍然没什么特点。

2.这才是我去的景点

"这是华山，我才去的。我刚才说的就是这座山。"

"这是峨眉山。"

"啊，这就是我去的武当山。"

三张照片引起了孩子们的惊呼。这三个地方的山确实很不一样，可刚刚的介绍，大家说的却差不多，无非是"高""鬼斧神工""云雾缭绕"等。

"仔细观察和对比，用一句话来概括三座山的特点。"丁丁老师对大家说。

小涂这才完全明白丁丁老师的心思。

 小涂觉得——

　　武当山是仙气十足的。早晨的阳光下，一缕缕云雾萦绕在山间。山上的道观红墙蓝顶，很有特色。

 小可说道——

　　华山是险峻的。自古华山一条道，完全在石头上凿出，两边都是光秃秃的悬崖绝壁。

 小琪最爱峨眉山，她去过两次，她描述道——

> 峨眉山是秀美的。峨眉山轮廓线流畅柔美，很像女人的"峨眉"。山上树特别多，高低参差。山上还有几条小溪，水声淙淙。

听到大家的描述，丁丁老师点点头，露出他招牌式的微笑，那颗痣在灯光下更醒目了。接下来，他又展示了三张水的照片，分别是青海湖、洞庭湖和西湖。

这一次，丁丁老师先让同桌之间互相交流，说出各个湖的特点。然后全班讨论，大家一致认定——

> 青海湖纯净，像是上天静静保护的一片天地，远离了尘世的气息。洞庭湖有鱼米香，你能听到号子声，看到一张张渔网撒下去，鱼儿在网里、水里乱蹦的景象。西湖有人文韵味，走在其中，能感受到浓浓的文化气息，想起很多民间传说故事。

看看别人怎么写

庐山瀑布

陈谨睿　湖北省武汉市汉阳区钟家村寄宿学校四（3）班

以前耳朵里全灌满了庐山瀑布是"飞流直下三千尺，疑是银河落九天"的气势，这回去庐山才醒悟般地消除了李白的庐山瀑布印象。

庐山飞瀑的"瀑"可与黄果树瀑布的"瀑"千差万别。

从古至今，多少文人墨客描绘庐山飞瀑的壮观，可它向我们展示的，只是一根巨大的白线罢了，哪里比得过像千万架织布机上泻下的白练似的黄果树瀑布！不过，庐山飞瀑恬静，不像黄果树瀑布那样一口气冲开你的心胸，只是在绿色中默默地抽开你的心结。

庐山把飞瀑的恬静与美丽抢走了吗？没有。在我的视野里，庐山早就脱离了"横看成岭侧成峰"的奇异雄伟。所有的一切都是那么静，像一只手，抚平你心中的波澜。山上的乱石也显得有条不紊了，深绿的青苔爬满了赭红色的斑斑锈迹。

穿过一丛丛青与墨绿相接的粗壮的草，就能听见庐山瀑布沉稳的低吼声了。一条条涓涓细流仿佛银白的小蛇。在恬静的一汪绿潭上面，是一条洁白的布条。它站得笔直笔直的，昂着头，坚定得连庐山都会自愧弗如。

是的，它完全没有对任何事物进行斗争。岩壁上没有深深的水印，只有橘红色的斑斑锈迹。岩石左突一块、右突一块，有的突出了斑驳的树影，刺向泛黄的树叶。太阳用手在它的前面画出一道彩虹，块块石头把它围绕起来。它——飞瀑，也是十分享受的。

这就是庐山的飞瀑，倘若没有黄果树瀑布，它可以算是中国瀑布中的绝唱。

 这篇游记最大的特色是对比，用黄果树瀑布的宏大来反衬庐山瀑布的安静。开始以为深感失望，可后面却反转得让你不得不佩服庐山的静，还从这当中感悟出人生的一些道理——安静享受一切，不与人相争。这已经完成了从写景到言志的过渡。

丁丁老师技法小课堂

对比中抓住特点

去的地方各不相同，写出来的游记却感觉写的是同一个地方，这是因为没有抓住景点的特点。

写人要抓住人的特点，写物要抓住物的特点，写游记也需要抓景的特点。每一座山，每一条河，都有自己的特点，我们可以在对比中把它找出来。有了这个特点的关键词和关键句，再开始游记写作，就可以围绕中心来写了。下面两个角度有助于我们抓住景点的特点。

（1）景点之间对比

想要发现特点，先要学会对比。

比如写山水，先把山或者水的照片摆放在一起，或者上网搜不同的山或水的照片，然后仔细观察对比，找出它们之间的不同。这就像我们在写物时，一些物的气味或者味道不好描述时，可以把相似的物拿出来对比，就能讲清楚特点了。

老舍在《济南的冬天》中，一开笔就采用了对比的方法来写：

> 对于一个在北平住惯的人，像我，冬天要是不刮风，便觉得是奇迹；济南的冬天是没有风声的。对于一个刚由伦敦回来的人，像我，冬天要能看得见日光，便觉得是怪事；济南的冬天是响晴的。自然，在热带的地方，日光是永远那么毒，响亮的天气，反有点叫人害怕。可是，在北中国的冬天，而能有温晴的天气，济南真得算个宝地。

（2）抓住典型特点

　　和人一样，大自然的一山一水都有自己的特点。写作时，我们要把这个特点拎出来。拎特点可以用关键词来概括。接下来的写作，就要围绕这一特点展开。

每课一练

　　回忆自己去过的景点，拿出当时的照片或视频，用一段文字来描述这个景点最大的特点是什么。试着用上对比手法，先写出一个关键句，再围绕关键句展开写作。

（二）游记开头结尾丢掉套路

"啊？那是丁丁老师吗？"

小可的一声尖叫，牵走了大家的目光。

只见丁丁老师头上戴着高高的厨师帽，出现在教室外面。小涂正在想：莫非今天要教我们做菜？可老师跨进教室的瞬间，小涂又瞄到，他屁股上还"长"着一条长尾巴！

1.急死了，景点到底在哪儿

讲台下的尖叫一声高过一声，甚至有同学跑上去，想摸一摸丁丁老师的高帽子和长尾巴。小涂也轻轻摸了摸尾巴，那是用红色卡纸圈做的，由粗到细，一根灰色的绳子穿过"尾巴"最粗的地方，牢牢系在了丁丁老师的腰上。

 丁丁老师把右手食指放在嘴唇边，教室立刻安静了下来。这时，屏幕上出现了一段文字——

　　开头：在我的生活中有着许许多多的人，他们像一盏盏不灭的明灯，永远闪耀在我的记忆中。他们又似一串串的脚印，永驻在我的成长道路上。

"这是我写的，这是我的！"小可满脸笑意。

接着，屏幕上出现了一位白发老爷爷，坐在一圈孩子的正中间，他的嘴边随后出现了一段文字——

在我的生活中有着许许多多的人，他们像一盏盏不灭的明灯，永远闪耀在我的记忆中。他们又似一串串的脚印，永驻在我这一生的道路上。今天，我就来跟你们说说当年帮助我的人。

小可的脸都红了，自己又默读了一遍，感觉不像之前那样好了。

丁丁老师指了指自己的高帽子："这样的开头，你们觉得像什么？"

同学们恍然大悟："帽子！"

"这就是文章开头的'高帽子病'。这种感觉，就像饱经风霜的老人，开始回忆自己的人生。你以为会看到什么了不得的大事，但实际后面的内容呢，不过是谁借了'我'一块橡皮。这种巨大的反差，会让人觉得很滑稽。"

小涂琢磨了一下，觉得还真是这样。那遇到这种情况，该怎么办呢？

丁丁老师猛地取下帽子，做了一个把它远远甩出去的姿势，"得了'高帽子病'，直接把它砍掉就对了"。

接着，屏幕上又展示了一段文字——

> 开头：在我小小的"记忆库"里，一件件发生在大街上的事如同一朵朵小小的浪花，时时刻刻在其间徘徊。随着日子一天天过去，许多事已经淡忘了，有一件事却时时跳跃到我记忆的闸门口。

小涂的脸红了，这次展示的是他写的开头。大家一致诊断：这也是"高帽子病"，要删掉。

又一段文字出现在屏幕上——

> 今天我很兴奋，早上第一回不用妈妈叫就自己起床上

学了。到了班级，同学们差不多也全到了，原来大家和我一样上心啊！大家聚在一起议论纷纷，有的说分小组的事，有的讲自己带的好东西……人人脸上都荡漾着激动向往的笑容。

"小朋友，请拿上自己的东西，我们出发啦——"老师的话音刚落，"耶——"同学们异口同声的欢呼声就响了起来，教室立刻成了欢乐的海洋！

出发了！一路上，同学们迎着鸟儿的欢歌、落叶的飞舞，开始完成我们这段旅程的任务——寻找秋天。看啊！路边，渐渐泛黄的梧桐叶在秋风中摇摆飘动；草丛、树梢，一只只叽叽喳喳的鸟儿在蹦跳欢唱；明媚秋阳下的桂花是最美最香的，它们一树树、一排排地密密长在绿叶中间，团团簇簇，就像夜空中满天的星星在向我眨眼睛，真香啊！

看着，玩着，我们不知不觉就走到了目的地。

这段文字在屏幕上翻了三页。可怕的是，丁丁老师还让大家齐读。小涂一边读一边想，怎么还没到景点啊，急死了。急的不仅是小涂，全班同学越读到后面，越没力气，声音懒洋洋的，拖音越来越长。

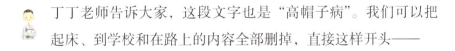
丁丁老师告诉大家，这段文字也是"高帽子病"。我们可以把起床、到学校和在路上的内容全部删掉，直接这样开头——

今天，我们的任务是寻找秋天。走进目的地，我就被这里的景色吸引住了。

还真是这样！小涂不停地点头。

2. 游览还没结束吗

此时，外形滑稽的丁丁老师还剩下一条长尾巴。小涂已经猜到接下来要干什么了。

 只见丁丁老师在屏幕上向大家展示出一段文字——

> 结尾：张明这种助人为乐的精神值得我好好学习啊！
> 我一定要像他那样，关心同学，帮助朋友，做个好学生。

丁丁老师指了指身后的长尾巴，说："这样的结尾，是不是像这个？"

"对，对！太像了，就是感觉很多余。"

"这是结尾的'长尾巴病'。就像个话痨，本来事情都说完了，还要拉着你说些无关痛痒的话，有时还非要写出一些所谓的意义。"

第二个结尾又显示在屏幕上——

> 结尾：通过这件事，我懂得了诚信。诚信好比夜空中最闪耀的星星，人以诚信为本。失去了真正的诚信，也就失去了生命的价值。

大家开始翻看本子，不少孩子发现自己也写过类似的结尾。

最后一个结尾出现在屏幕上时，大家都能诊断出，它也得了结尾的"长尾巴病"——

经过四个多小时，我们终于走完了薄刀峰的旅程。回来的途中，又到罗田冰臼群去看了看。那也是一个神奇的地方，我们沿着亭子右边的沙石小路到了河滩，这里石头形状特别怪异，就像石锅石灶，特别的鬼斧神工。这次游薄刀峰，让我又一次与大自然深层次地接触，更加体会到爱护大自然的重要性。

小涂心里暗想：最美的景色都看过了，怎么结尾还要写其他地方的景色？这不是多此一举吗？

这一次，丁丁老师让小可来到讲台上，给了他一把剪刀，让他剪掉长尾巴。小可走到老师身后，咔嚓一下，就把长尾巴剪掉了，扔到垃圾桶里。

丁丁老师一边在屏幕上展示一边说，具体到文章的结尾部分，可以直接把这个结尾全部删掉。如果还想保留一点内容，那就写这样一句——

经过四个多小时，我们走完了薄刀峰。回望山峰，我的心还在扑通扑通乱跳，我不由得感叹刚刚经历的那份惊险。

尼亚加拉瀑布

吴睿琪　湖北省武汉市武汉大学第二附属小学五（4）班

加拿大有一处全世界闻名的瀑布，它就是大名鼎鼎的尼亚加拉瀑布。

尼亚加拉瀑布乘船游览是最佳视角。一登上船，我就听见远处传来轰隆隆的、仿佛响雷一般的水声。兴奋的我站在船头踮起脚，往那片瀑布望去。它整个形状是马蹄形的，瀑布上边有一道碧蓝色的边，就像皮带一样束紧下方白色的水流，激起的水雾使我难以看清船行至哪里，因为眼镜上全是水珠。

终于到瀑布跟前了，那水声差点把我耳朵震聋，彼此都已听不见对方的声音。数以万计的白色水柱以接近五层楼高的落差倾入湖里，狂奔向前方，又在棕色的乱石滩上汇成一条条小河，流进安大略湖。此时的我全身早已湿透。真是不愧为世界第一大跨国瀑布！湖上有一座长长的圆弧跨桥，桥的这一头是加拿大，那一头就是美国境地了。

在夜晚，这里又是另一番景象！瀑布水色渐显灰暗，此时围绕着瀑布四周的聚光灯会齐放光芒，使灰黯的瀑布顿时大放光彩，变得像宝石一样纯洁，发出璀璨的光芒。尤其是从瞭望塔里看去，瀑布就像彩虹一样，连天上的月亮都比不过它。聚光灯还会变换颜色：红的，绿的，蓝的。此时的瀑布，就像是一个奇幻的魔术师。

加拿大的冬天非常寒冷，都在零下十几度。据说瀑布1848年曾被突袭的寒流完全封冻，变成了一排排水晶一样的挂柱。我在寒假也去过，那里早已是冰雪大世界了，但它依然奔腾不息！

尼亚加拉瀑布就是这样，散发着自己的无尽魅力！

 这篇游记的开头和结尾都非常简洁。开头一句话介绍了游览目的地，然后马上进入正题，开始游览。结尾回应开头——世界闻名是因为有无尽魅力，紧扣主题，清晰明了。

丁丁老师技法小课堂

开头结尾丢掉套路

2017 年,《成都商报》曾发起面向孩子的练笔征集活动,结果发现交过来的开头总是这样——

- 在我的一生当中,遇到很多事,像星星一样多……

- 在我的一生当中,想过很多人,像珍珠一样多……

- 在我的一生当中,经历过很多磨难,像石头一样多……

有些孩子才 8 岁,可写出来的话像 80 岁的老人,仿佛开始回忆自己的一生了。

这样的开头就属于套路。它们就像数学公式,写人有一套公式,写事又有一套公式。记住了这样的公式,就可以套用在任何一篇文章里。可里面的内容,又假又空,跟孩子本身的生活相去甚远。

(1)扔掉高帽子

现在社会节奏快,大家时间都很宝贵,所以需要快速告诉别人你最想说的是什么。对于"高帽子病",可以开两副药:

◎提笔就写——最快速
◎给个特写——最动态

提笔就写，就是把此前的套路开头删掉，直接写那件事、那个人或者那个景。

比如作家陈淼的《桂林山水》，开头直接写——

> 人们都说："桂林山水甲天下。"我们乘着木船荡漾在漓江上，来观赏桂林的山水。

没有写头天晚上是怎么准备的、路上怎么来的，等等。

给个特写，就是把人、景拉得很近，近距离看清每个细节，这样可以给读者造成强烈的冲击，帮助读者在脑海中形成画面。

比如，写公园，难看的"高帽子"开头是这样的——

> 在我们盐城，有许多许多好玩的地方，例如：美丽的人民公园，值得纪念的新四军纪念馆，庄严肃穆的泰山庙……可我最喜欢去的地方却是盐渎公园。

我们试着用"给个特写"的方法来修改开头，就是——

> 汉白玉雕砌成的小桥，远远望去，石桥像一条白玉带，系在那河水柔软的腰间。它是盐渎公园 43 座桥中的一座。

用一座桥的特写，带出整个公园的 43 座桥，足以展示出盐渎公园的特色，一下子就把人带入了公园中。

（2）割掉长尾巴

结尾的时候，能提升一下高度就提升；实在没办法提升，就直接结束。不要刻意写一些云里雾里的文字，或者喊些自己都不相信的口号来凑字数，这样的长尾巴要割掉。

结尾就是音乐当中的收尾音。怎么收尾才能让人还想继续听，或者叫声好？有两个方法：

◎戛然而止
◎念念不忘

戛然而止，就是声音突然停止。为什么要突然停止？因为该演奏的音都演奏完了，索性就在高潮时直接收尾。

写游记的时候，游完最精彩的景点，之后的就不用写了；或者走出景点，就不再写了。这就是戛然而止。

比如，叶圣陶的《记金华的双龙洞》就这样结尾——

　　在洞里走了一转，觉得内洞比外洞大得多，大概有十来进房子那么大。泉水靠着右边缓缓地流，声音轻轻的。上源在深黑的石洞里。

　　我排队等候，又仰卧在小船里，出了洞。

念念不忘，不忘什么？就是不忘题目和开头，在结尾时照应一下，也就是回响。这也就是常说的紧扣主题，会让文章显得清晰明了。

比如，老舍在《草原》中这样结尾——

　　饭后，小伙子们表演套马、摔跤，姑娘们表演了民族舞蹈。客人们也舞的舞，唱的唱，还要骑一骑蒙古马。太阳已经偏西，谁也不肯走。是啊！蒙汉情深何忍别，天涯碧草话斜阳！

"蒙汉情"是这次访问草原的主题，所以结尾时再点出来，让人感觉更完整，主题也更突出。

戛然而止

割掉长尾巴

念念不忘

游记
开头结尾

扔掉高帽子

提笔就写

给个特写

每课一练

翻看以前写过的游记，找一篇修改它的开头和结尾，去掉套路，在下面重新写一遍。

（三）景点要学会取舍

今天的创意写作课，小琪最喜欢，因为又可以画画了——画景区游览图。小可则有些伤脑筋。

小涂握着画笔，在想第一个景点是什么，后面接着又是什么。他画画水平不高，但他喜欢画这种实用的图。

1. 景区游览图

小涂画的是湖北罗田的薄刀峰，一路景点很多。他一边翻照片，一边回忆，才大致搞清整个路线图。景点都在山的脊背上，这片山脊就像一把薄薄的刀片，所以叫薄刀峰。

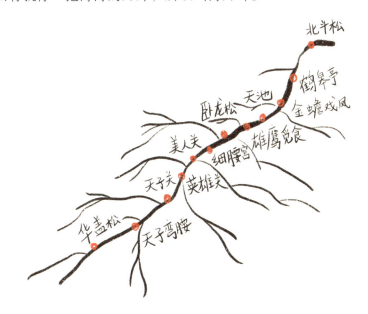

　　小涂边画边想，这就是丁丁老师说的抓住特点。确实，薄刀峰跟其他山峰不一样。小涂选择直接画山顶的路线，因为他觉得前面都不重要，属于丁丁老师说的"高帽子"。

　　小可画的是方特主题乐园，他硬着头皮把"图"交了上去。

大门→太空世界→儿童王国→快餐店→维苏威火山→水世界

　　他本以为老师会让他重画，可丁丁老师笑了笑说："画游览图关键是画出游览的路线——从哪个地方到哪个地方，只要路线正确、清晰，就可以。"

　　小琪也交出了游览图，引来了一片啧啧的称赞声，因为她画的真是太好了。

2. 慢慢走，欣赏啊

　　接下来，丁丁老师给大家布置了写作任务，要求对照游览图，开始限时写作，25 分钟完成。

这是丁丁老师创意写作课的一个特色，要求大家脑海中有了想法，就要快速写出来，不会的字可以用拼音代替，而不要纠结于一个字或一个词怎么写。

小可的快是出了名的，就如同他举手的速度。25 分钟后，丁丁老师把小可的文章展示在屏幕上，让大家来点评。

方特游记

　　昨天，我和爸爸妈妈去方特游玩。刚到门口，就看到排着老长老长的队。

　　好不容易来到了"太空世界"，我们终于玩到了第一个项目——"星际航班"。这是一个大型动感太空飞行模拟项目，坐在一个机器里蛮像是真的，在里面晃啊晃啊。然后，我们就来到了"太空"，遇到了很多吓人的东西，好多人都在狂叫。

　　然后，我们就来到了"儿童王国"。先坐的那个东西是"青蛙跳"，虽然很幼稚，但我就是觉得很好玩。

　　坐完这个东西就去休息了一下，到里面的快餐店吃了点东西……接着去玩了"苹果飞椅"。我害怕，就坐在最里面，姐姐坐在最外圈。

　　当我们狂奔到"维苏威火山"的时候，终于遇到了不长的队伍。第一批人坐完了，轮到我们了，这次我妈也玩了。

　　玩过一些刺激的，我们决定去清凉一下，跑到了"水世界"。在那里，好多人拿机器打水仗，所有人衣服都湿了。

　　当结束了一切的疯狂时，我们离开了方特，踏上了回家的路。

小涂觉得，开头和结尾都很简洁，没有"高帽子病"和"长尾巴病"。

小琪认为，游览过程很清晰，一个景点接一个景点，可说来说去都是"很好玩"，到底怎么好玩却看不出来，有点流水账的感觉，读完也不知道哪个最好玩。

小可摸了摸后脑勺，笑了："我最喜欢玩'星际航班'。"

"可你写的太少了，看不出它最好玩啊。"

小琪一句话，让小可又尴尬地笑了笑。

 丁丁老师看大家讨论得差不多了，在屏幕上展示了这样一排字——

慢慢走，欣赏啊！

这是朱光潜先生在《谈美书简》中的一句话，来自阿尔卑斯山谷中马路边的一个标语牌。

"慢慢走，不是每个地方都花一样的精力和时间，而是要有主次之分。"丁丁老师解释道，"在你特别感兴趣的地方，尤其要慢下来，细细欣赏，这里也就是你写游记时要重点展开、重点着墨的部分。这样写出来的游记，别人才会想看、爱看，因为里面有料，不是索然无味的。"

看看别人怎么写

游悬空寺

陈胥贝 湖北省武汉市武昌区中山路小学三（1）班

爸爸顺手一指，我抬头张望，恒山悬空寺就这样猝不及防地闯进我的眼帘。

远远望去，在巍峨高耸的峭壁上，悬空寺是那样秀气灵巧，嵌在绝壁上，宛如一条将要腾空飞起的小龙。这与我想象中的"壮观"完全不一样。

进入景区，悬空寺倚在河对岸的陡峭崖壁上，有南北两座三层楼的殿楼，中间一座栈桥相连，下面多根立柱支撑，正如俗语说的，"悬空寺，半天高，三根马尾空中吊"，看上去仿佛空中楼阁，岌岌可危的样子。

随后进入悬空寺内部，楼梯十分狭窄，只能一人通过，游客都顺着一个方向走。庙里供奉的有佛教创始人释迦牟尼、儒家创始人孔子、道家鼻祖老子，还有观音菩萨等佛像，泥塑精致玲珑，色彩鲜艳，栩栩如生。楼道射进两三方斜斜的太阳光，楼顶琉璃瓦金光闪闪，凑成了一幅和谐的画面。全寺为木质框架式结构，在陡崖上凿洞插悬梁为基。殿楼的分布对称中有变化，曲折回环，小巧玲珑，空间丰富。寺虽然不大，但建造巧夺天工，蔚为壮观。楼道有的立柱摇摇晃晃。探头看，下临深渊，让人胆战心惊。爸爸有点恐高症，他紧紧贴着墙壁，握着我的手都出汗了。

游完下山回头再看，悬空寺独立在空旷的恒山翠屏峭壁上，仿佛一条巨龙，闪耀着千年的雄姿。

这篇游记，一直围绕着整个景区中最关键的景点——悬空寺在写，重点突出，主次分明。开头写得尤其好，没有用自己多么向往来做漫长的铺垫，直接几个动词，简洁有力，写出了那种猝不及防闯进眼帘的感觉。

丁丁老师技法小课堂

景点如何取舍

小可的流水账问题，是小学生写作的通病，在游记中尤其明显。所以，我们要学会对景点做取舍。

（1）画景点游览图

写游记，可以先画游览图。游览图能够帮助我们理清游记的顺序，一步接一步往下写。

浏览图中，用线条或箭头把景点之间连起来的地方，文章里就需要用一些过渡句，从一个景点过渡到下一个景点。比如叶圣陶的《记金华的双龙洞》——

　　　　出金华城大约五公里到罗店，过了罗店就渐渐入山……

　　　　一路迎着溪流……

　　　　在洞口抬头望……

　　　　在外洞找泉水的来路……

过渡句，通常都放在每一段的最前面，意在告诉别人马上要到下一个景点了。

（2）选择重要景点

你在哪一处停留的时间最长、你最喜欢哪个景点，就把它作为重点，多写点内容。相当于在游览图上，用放大镜看你觉得重要的景点。其他的多处景点则可以略写，有些甚至可以不写。

重点多写

选择重要景点

其他少写、不写

游记
取舍

画景点游览图

理清顺序

用上过渡段

每课一练

　　你去过哪些景区？试着选出一处，写一篇游记。可以先画一张游览图，之后对照图选择重要景点。要记住，重要景点多写，其他地方少写。注意开头和结尾要写得简洁直接。

（四）重要景点如何详写

丁丁老师的课堂上，讲台前清出了一大块地面，上面铺了张三尺宣纸，纸上画着湖北罗田薄刀峰的游览图。12个景点上，都放了一个塑料杯。

今天要玩套圈游戏。丁丁老师让游戏者站在两米开外，右手拿碗口大小的圈，去套自己觉得最精彩的景点。

1. 远近高低各不同

小涂第一个参加。他最喜欢玩套圈游戏了，在家也常摆上玩具，和爸爸拿着套圈玩上几轮。

他回忆起上次爬薄刀峰的场景，觉得最让他震惊的是"细腰宫"。眼睛瞄向"细腰宫"上的塑料杯，小涂右手轻轻向前一抛，直接套中。

屏幕上随即显示出一张远眺"细腰宫"的照片。小涂明白了，老师是让大家回顾景点取舍的知识要点，一个人在一个景区只能选择一个景点作为重点来写。

照片闪过，又变成了经过"细腰宫"的场景，最后是回望"细腰宫"的场景。这不就是要我们多角度观察吗？跟写物一样，呈现远近高低各不同的样子。

这时，照片又定格在了第一张。丁丁老师请小涂观察照片，描述景色。

 小涂盯着照片，开始回忆——

石头就像突然掉在山顶上，几块随意堆放在一起，高高的，挡住了去路。

随后，屏幕上出现了第二张照片。

 小涂观察着第二张照片，继续说——

左边的石头高出右边半个头，右边的使劲把头伸过去，往左边靠，只留下一条很小的缝隙。

我过"细腰宫"时，其实还好，路没想象的那么紧，很轻松就穿过去了。

这时，丁丁老师放出第三张照片。

 看着第三张照片，小涂说——

　　但往前走再回看时，感觉两块石头又一下子挨得更近了，好像刚才是故意给我开了一道门。

　　轮到小琪了。她套中了"雄鹰觅食"，屏幕上出现了远近不同角度的照片。

 小琪一边观察，一边描述——

　　远看像一只大雄鹰蹲在松林上面，虎视眈眈地盯着西边山林中的猎物，整个大山的一切都在它的注视下。

近看，觉得雄鹰的头真是特别像，上面还有一圈凹进去的圆块，就像锐利的眼睛一样。

同样是写薄刀峰，大家描述的重点却不同。

2.还有其他细节吗

难度又要升级了。丁丁老师又展示出小涂套中的"细腰宫"，然后让大家闭上眼睛，听一段音频。

小涂听到了呼呼的风声，还听到了人群的欢笑和对话声，好像有人的衣服被刮破了。

音频播完，丁丁老师准备播放第二遍。他让大家想象自己正在过"细腰宫"。这是中午的时候，太阳高照，游人较多。结合自己看到的、听到的，想想自己会闻到、摸到、尝到什么，心里又在想什么，描述出更多细节。

 小涂脑海中浮现出上次爬薄刀峰过"细腰宫"的画面，跟耳边的音频融合在一起，热闹，充满欢笑——

到了"细腰宫"，我憋住气，绷紧肚皮第一个过去。妹妹还有些担心，不肯走，妈妈在后面推，她才往前挪。妈妈过得更艰难，身体在石头上蹭来蹭去，像一块大大的夹心饼干。我摸了摸石头，虽然天气很热，但石头还有点凉凉的感觉。风吹起我的头发和衣角。到处散发着松树的清香，还混合着干燥的阳光味道。

后面有一个胖叔叔，肚子高高地挺起。他第一次过，肚子就被硬硬的石头拦住了，没办法，只得退回去。后面已经有游客在催促"快点快点"。胖叔叔一吸气，把肚子收紧，往前试探着，可衣服还是擦到了石块，"嚓"的一声，被拉开了一个口子。同行的人都笑了："回去后，好好减肥啊！"

小涂的描述获得了全班同学热烈的掌声。有同学说，下次一定要去趟薄刀峰，感受下"细腰宫"的魅力。

丁丁老师告诉大家，去掉"高帽子"和"长尾巴"是在做减法，现在加入细节描写，则是在做加法，让游记的重点更突出。通过不同角度细致的观察，调用我们的五感，加上心中所想，就能把景点写得形象而具体，让人仿佛身临其境。比如，作家柯灵在《桐庐行》一文中写道——

> 桐君山并不高，却以地位和形势取胜，兼有山和水的好处。背后是深谷，是绵延的山脉；前面极目无垠，原野如绣，而两面临水，脚底下就是那滔滔汩汩的大江；隔岸相望，两江交叉处是桐庐的市廛一撮，另一面又是隔岸的青山。山顶的庙宇已经破残不堪，从那漏空的断壁，洞穿的飞檐，朱痕犹在的雕阑画栋之间，到处嵌进了山，望得见水。

背后、前面、脚底下、隔岸相望、山顶——柯灵这一小段话，从多个角度进行了观察。

再有，作家汪曾祺在《昆明的雨》中写道——

> 雨季的果子，是杨梅。卖杨梅的都是苗族女孩子，戴一顶小花帽子，穿着扳尖的绣了满帮花的鞋，坐在人家阶石的一角，不时吆喝一声："卖杨梅——"声音娇娇的。她们的声音使得昆明雨季的空气更加柔和了。昆明的杨梅很大，有一个乒乓球那样大，颜色黑红黑红的，叫做"火炭

梅"。这个名字起得真好，真是像一球烧得炽红的火炭！一点都不酸！我吃过苏州洞庭山的杨梅、井冈山的杨梅，好像都比不上昆明的火炭梅。

对雨季的这段描述非常生动，有声音、颜色、形状、味道等多个感官感知到的细节，还有心里的想法。

小涂觉得这两段写得真的是非常精彩，特别是那个卖杨梅的女孩，好像就在他面前叫卖杨梅。

看看别人怎么写

宁静的水没坪村

王雅霓　湖北省武汉市光华路小学三年级

我们走出了黄仙洞，来到一片碧绿的草地。哇，钟祥市可真是奇妙呀！路外有洞，洞外有山。

抬头看去，原本碧蓝的天空已经消失不见了，代替这蓝天的是一片白茫茫的水雾。它铺满了整个天空，头顶一片白茫茫的景象。放眼望去，土地上种着一片绿油油的茶林。一排、二排……好似会排到天空的尽头一样。茶树被园丁剪成一个正正方方的形状。

一只凤尾蝶正从我不远方飞过。那只凤尾蝶的翅膀是黑色的，上面点缀着各种色彩的小点，像用闪粉喷过一样。它还有两条长长的"尾巴"，像仙女身后的丝带。它那双翅膀扇动着，带着那"尾巴"飞进了一团白雾里，便消失得无影无踪了。

几株枯树上站着一群喜鹊。它们背部是全黑的，腹部却是白花花的一片。几个又圆又大的白肚子挤在一起，不禁让人发笑。它们正歪着脑袋看着我们呢！

　　我和朋友们欢笑着跑向茶林，一边跑，一边看着这平静的村子。不一会儿，茶林便近在眼前了。我摸着小嫩芽儿，它有一点点粗糙，茎的突出让它凹凸不平。一些水珠落在上面，冰凉冰凉的，我猜是雾干的好事吧！我抬起头，看看天空的雾气。翠绿的茶叶闻起来有一点薄荷味。一阵阵强风吹了过来，树枝仿佛摇响了沙锤——"哗哗"，我的头发也轻轻飘起。我看见几朵茶花暴露在了外面，渐渐地，又闻到了淡淡的香味，看见了抖动的花瓣。

　　古老、陈旧的房子一个挨着一个，门敞开着。窗框是十字形的，用蓝色的塑料布与外面隔离开。屋顶一片黄色，正是落叶洒落在屋顶，一阵风吹来，叶子旋转着落到了地上。旁边，烟囱的出口处冒出了一层层白烟，飘进了云间。门口，两棵树矗立着。几片深绿色的叶子立在树枝上。橙黄橙黄的柿子挂在树梢轻轻摇晃着，好似一个个太阳挂在枝头。

　　这就是水没坪村。

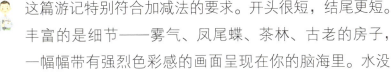

　　这篇游记特别符合加减法的要求。开头很短，结尾更短。丰富的是细节——雾气、凤尾蝶、茶林、古老的房子，一幅幅带有强烈色彩感的画面呈现在你的脑海里。水没坪村最出名的是千年银杏，但小作者却选择了自己最感兴趣的宁静来写，写得相当精彩。

丁丁老师技法小课堂

重点景点详写

前面说的"高帽子病"和"长尾巴病",还有景点的取舍,都是给游记做减法,减掉不重要的内容。做减法,关键是要下得去手,不要觉得都是自己辛苦写的,舍不得删。

因为删掉不重要的,才能把篇幅留出来。留出来的篇幅要做加法,给重点景点加上细致的描绘,这样写出来的游记才能详略得当、重点突出。主要从以下两个方面做加法。

(1)多角度观察

详写先从观察开始。从不同的角度发现景点的特色,正所谓"横看成岭侧成峰,远近高低各不同"。只有从不同角度观察到位,才能感受到变化,写出的文字才有不同。

(2)五感细描

从不同角度观察完之后,就要进一步做细节描述。要用我们的五感去观察,再用心去感受,把心里所想也写出来,这样才会有声有色、有动有静。就像前面汪曾祺写《昆明的雨》,有娇娇的吆喝声,有柔和的空气,有黑红黑红的杨梅,还有一点都不酸的味道,细节描写非常丰富。

五感观察法

五感细描

心里想什么

游记
重要景点

多角度观察

远近高低

感受变化

　　找到上次所写的游记，把自己选择的最重要的景点单拎出来，重新修改，加入细节，详细描述。

（五）景中怎么写人写事

从没见过这样的丁丁老师：眉头紧锁，嘴唇紧闭，盯着大家的眼睛似乎要喷出火来。

教室里气氛沉重。足足 60 秒后，他才重重叹了口气，讲台上的纸都动了起来。

"写游记竟然有同学写出来是完全一样的？！你看到了什么就写什么，怎么会出现连用词都一样呢？！"

讲台下，没人敢作声。

1. 你喜欢哪一个表演

丁丁老师顿了顿，又恢复了往日的微笑，说要给大家表演两个小情景剧。

第一个情景剧：他拿着相机，一路走一路拍，然后念叨着"真是太美了"。结束游玩后，他回家开始欣赏这些精彩的照片。

第二个情景剧：他拿着相机，对着景物不断拍。另一位同学扮演一位老爷爷。看到老爷爷爬得很艰难，丁丁老师就问：爬得动吗？"老爷爷"回答：没问题，只是慢一点。等丁丁老师拍完一组照片，他发现"老爷爷"都爬到前面去了。

"两个情景剧，你们喜欢哪一个？为什么？"

大家都选择了第二个。因为第二个有故事，第一个就是单纯的景。

丁丁老师在黑板上写下：景中可以写人写事。

2. 我看到的人和事

接下来，大家开始分享自己旅游过程中遇到的人和事。不过丁丁老师有个要求：不是要分享单纯的人和事，而是要分享在**景**中遇见的人和事。

 小可听得有点懵，不过准备先说一说（到底算不算，由大家来判断好了）——

　　有次去旅游，在爬山的过程中，有一处购物点，里面卖些水、糖果等。大家都爬得很累了，一帮人买了几个冰激凌，吃的时候觉得味道不对，发现是贴牌产品，就跟老板理论，吵了起来，引来很多人围观。

丁丁老师让大家举手表决小可讲的是否符合要求，只有几个同学举起了手。小可心里没底了。

 小涂站起来——

　　我觉得这不是游记中的事，因为游记主要是观景，顺带有人有事。这事跟景色没关系，在其他地方也可以发生啊。

 小琪赞同小涂的说法——

　　情景剧里老爷爷的故事跟爬山有关，也让人看到了路上的风景。而小可那个就是单纯的写事。

 这一次，换小琪来讲景中的人和事——

　　有一次去庐山的锦绣谷，发现路边的树上有很多猴子，大家都停下来逗猴子玩，给它们喂吃的。有的小猴子还主动从游客手中抢走食物。它们吃饱了，就蹦跳到一块大石头上晒着太阳，互相抓毛发上的虱子。

丁丁老师让大家举手，说一说小琪讲的算不算景中的人和事。

小可第一个举手——

这也不是写游记啊，主要写大家逗猴子，没什么景色啊。

小涂有点把握不准，没有吱声。

小琪揪了揪自己的长头发——

当然属于游记了。猴子是锦绣谷最有名的景观，它们跟游客互动，特别好玩，大家都觉得这一趟特别值。

看到大家已经触摸到问题的关键，丁丁老师眼睛眯成了一条缝——

到同一个景点，看似写一样的景色，就容易写出相似的内容。可一旦真正走进景中，就有了自己的独特感受，看到的人、经历的事，也会跟别人不一样。按照真情实感来写，就不会出现雷同的情况了。

小涂想起刚一上课时丁丁老师生气的原因。原来，丁丁老师是要告诉我们，走进景点发现自己遇到的人和事，才能写出独特的游记来，而不会出现和人雷同的情形。

"那什么样的人和事，才能算是景中的人和事呢？"小涂举手问。

 丁丁老师扫视了全班，讲道——

"我"在车站等车时，发现了一对特别的母女，这就不是游记要写的，因为还没有到景点，是在去景点的路上。这件事可以很感人，很有趣，但那是写事，不是写景。

到了景点，看到一群人因为买东西吵架，这也不是游记，因为在不是景点的地方，这样的事也会发生，这跟买卖的价格和服务有关，但跟景色无关。

到了景点，遇到大雨，没法继续旅行，有人抱怨起来，"我"却在雨中欣赏美景，这是游记。欣赏时还有了人生感悟，这些都是由景色触发的，也可以成为游记的一部分。

小涂琢磨着：那吃冰激凌的争吵就不算是景中的事了，在庐山逗猴子是旅行的重要环节，就应该是景中的事了。

"人也一样，一定要是和景有关的人。"丁丁老师补充道。

象夫的大象

尹思源　湖北省武汉市汉阳区七里小学五年级

泰国，最著名的就是大象，不是喂大象，就是骑大象。

我们一家在去大象营的路上，看见一个训练大象的地方，一头头大象脚上戴着粗粗的铁索，铁索的另一头套在象圈围栏的柱子上。象夫不耐烦地牵出一头象，大象想逃，象夫便用锋利的象钩打它，打得"血肉横飞"，大象的皮肤上出现一个血洞。大象想反抗，几个象夫冲过来，对它一顿猛打，大象发出一声哀嚎，似乎在说："我屈服，求你们别打了！"大象屈服了，象夫们才停手。

我看到这一幕，心里一阵战栗。

走进大象营，一股甘蔗的香气迎面扑来，一棵棵矗立挺拔的树在山丘上生长着。鸟语花香，一幅生机勃勃的景象。

但不知道是不是因为训练大象太残酷，我突然不想骑大象了。

"请问能不能不骑大象？"我问中文导游。

导游没遇到过这种情况，脸上直冒汗："不能，不能。"

"好吧，谢谢！"

登上大象后，我发现大象的皮肤上有好多处挨打的痕迹，原本坚硬灰色的皮肤上出现了许多"黑点"。大象驮着的铁椅很大，像一头钢铁巨龙。

我觉得，大象的皮肤虽硬，但承受不住钢铁和三个人的重量；大象的皮肤虽厚，也抵挡不了象钩的攻击。

象夫们长着黝黑的皮肤，手上拿着象钩。他们坐在大象头上，双腿放在大象的耳朵后面。

我坐的大象也许是饿了，也许是累了，停了下来，拔下一团草，津津有味地吃了起来。象夫用钩子恶狠狠地打大象，大象承受不住，长鸣一声，在象夫的逼迫下从草地上走了起来。

走了几步，大象也许是饿极了，不管象夫怎么打，它都不肯再走一步了。我摸了摸大象的皮肤，用结结巴巴的英语对象夫说："别打它了，让它休息一会儿吧。"象夫好像听懂了我的话，不管它了。

离开大象营时，那头我骑过的大象深情地看了我一眼。

 尹思源把重点放在骑大象这一件事上，其他景点和事情都放弃了。这篇游记在值得"慢慢走"的位置上，观察得很细致。

丁丁老师技法小课堂

景中有人有事

景中有人有事，也是给游记做加法，让游记变得更可触摸，更有每个人自己的味道。当然了，在写作的字数比例上，写景仍然要占大部分篇幅。

（1）景中发生的事

游览景色的过程中，肯定有各种事情发生，哪些事可以写进游记？

第一，所写的事情要跟景色有关。这件事是在游览过程中发生的，是景中的一部分。而不是把景作为事情的一部分，那样就成了写事文章的环境描写了。

比如，游览贵州的小七孔古桥，你正欣赏着那种自然古朴的美，这时走过来一位老人家，牵着牛扛着犁，你顺势跟他聊了几句当地的风土人情，这件事就跟景色有关了，增添了景色的淳朴。

第二，因景因事触发感悟。也就是说，在游览过程中，面对景和事，有了人生感悟，不是单纯地写景，而是把感悟放在了游记中，给游记提升了一个层次。

比如，作家丰子恺的《山中避雨》，写作者和两个女孩在西湖游山，忽然遇雨。在避雨过程中，作者体会到了"山中阻雨的一种寂寥而深沉的趣味""反觉得比晴天游山趣味更好"，而两个女孩却"苦闷万状"。后来作者借来了胡琴拉了起来，不仅女孩唱起了歌，连三家村的青年们也唱了起来。作者感到"有生以来没有尝过今日般的音乐的趣味"，直至后来与众人惜别，还依依不舍。

（2）景中看到的人

景中看到的人，有两层意思：一是，人一定要出现在景中；二是，人是景的点缀或补充，能更好地展示景的特点。

比如，赵丽宏在《大漠古城》中写到三个维吾尔族小男孩。作者问小男孩："一千年不住人，这些房屋为什么还在呢？"男孩得意地笑了："因为它，太阳。这里不下雨。"小男孩帮作者解开了谜团。而在文章的前面，写了大量的景色——

> 这真是奇迹，一望无际的戈壁滩上，居然会有一座被遗弃的城市，一座真正的古城！远远看去，它像一群风化的土山，走近细看，才能从千奇百怪的形状中辨认出房屋、街道、围墙的轮廓和残垣。

前面共写了四段类似的景色，才写到三个维吾尔族小男孩和他们的问话。小男孩是出现在景色中的，同时作为景色的点缀和补充。在文章结尾的几段中，作者又再次回到景色描写，展示荒凉沧桑中的生机——从残缺的城墙缝隙里，涌进来一片清凉的绿色！那是白杨林，是玉米田，是葡萄园。

每课一练

　　拿出上次写的游记，试着在文章里加入人和事。要注意，加入的内容要符合景色的特点。

（六）游记怎么写得有历史厚度

又要到旅游季了。丁丁老师让大家带张照片来上课，内容是出游前准备的物品；同时让爸爸妈妈给孩子准备一封信。

大家一进教室就交流起来，话题无非是谁的食品多、谁带了什么玩具。

1. 啊？ 要带资料？

照片摆上讲台，丁丁老师请大家一一欣赏，然后问："你们觉得少了点什么？"

大家一脸茫然，觉得很齐全啊，每次出行都是这么准备的，玩得挺高兴。

这时，丁丁老师让大家打开父母给的信。小涂昨晚还在想，爸爸妈妈又是上网搜东西，又是打印，最后都装进了这个信封里，还封上了口，里面会写些什么呢？

 "嘶"的一声，小涂拆开了信封，里面折着一张打印纸，打开来，上面有如下文字——

1987 年，秦始皇陵及兵马俑坑被联合国教科文组织批准列入《世界遗产名录》，并被誉为"世界第八大奇迹"。

兵马俑即制成兵马（战车、战马、士兵）形状的殉葬品。兵马俑从身份上区分，主要有士兵与军吏两大类，军吏又有低级、中级、高级之别。一般士兵不戴冠，而军吏戴冠。普通军吏的冠与将军的冠又不相同，甚至铠甲也有区别。俑坑中最多的是武士俑，大部分手执青铜兵器。

《史记》记载：秦始皇陵由丞相李斯依惯例主持规划设计，大将章邯监工，修筑时间达 39 年之久，兵马俑是在修筑秦陵的同时制作并埋入随葬坑内的。

纸上还打印着几张兵马俑的照片。这就是爸妈说过的，准备带小涂去旅游的地方。

小琪打开信封，里面也有照片和一段文字，讲的是四川四姑娘山的传说。其他同学也都看到了自己父母准备的资料。

丁丁老师提醒大家，这些资料价值很高，可以增加游记的历史厚度。"你看到的每一块砖都不再是简单的砖，而是一段鲜活的历史。"

小涂这才明白，老师说的少了点什么，就是少了这些资料。

2. 带着问题去旅游

丁丁老师请一些同学念了信里的资料。念完后，其他孩子都特别期待，想着自己是不是换个目的地——光听这些历史和传说，就充满了期盼。

接着，丁丁老师展示了一张曾侯乙编钟的照片。丁丁老师讲解道，曾侯乙编钟是湖北省博物馆的镇馆之宝，被誉为世界奇迹。编钟早在 3 000 多年前的商代就有了，整套编钟能奏出现代钢琴上所有黑白键的音调，但比钢琴早发明了两千多年。

"听完这些，再看曾侯乙编钟，你们有什么疑问吗？"

小涂举手："我很好奇它是怎么做到的？"

小琪眨眨眼睛："我想知道，古代的音乐和现在的音乐有什么不同？"

小可说："想现场听一听编钟奏出来的音乐。"

丁丁老师表扬他们，这就是带着问题去旅游，这样能写出完全不一样的游记来。同时提醒大家，通过问导游、当地人或查阅资料等方式，找到问题的答案，并把它们写进游记里，能让我们的游记更有价值和厚度。

看看别人怎么写

游兵马俑

黄妍恩　湖北省武汉市硚口区实验小学三（5）班

"哎呀，怎么这么多人呀？"望着兵马俑博物馆大门，我一边嘀咕着，一边向前冲。好奇心告诉我：里面的世界很奇妙。我一定要去探个究竟。

首先，映入眼帘的是兵马俑二号坑。这个坑位于博物馆以东。残缺不全、毫无色彩的兵马俑贮立在小小的坑里，怎么能够用"壮观"两字来形容？真是枉费了我一片苦心，我可是顶着烈日、冒着被挤成肉饼的风险来的。

接着，我被挤到了西边的三号坑，顿时有种扭头就溜的感觉。稀稀疏疏的兵马俑，像是没有被挖掘完一样。

终于，我被人群撞到了另外一个坑。"壮观！""奇妙！"我激动得要跳起来。一排排整齐的兵马俑伫立在坑内，这就是最早发现的一号坑，呈长方形，和其他两坑成"品"字形，四面还有斜坡门道，应该是当时用来运送兵马俑的。坑里有各种各样的兵马俑，形态各异：有的手拿兵器，已经做好了战斗的准备；有的手背身后，正在思索如何赢战；还有的神态自若，认为我方定会胜利……难怪被称为"世界第八大奇迹"。

我望着栩栩如生的兵马俑，脑子里突然冒出两个问题：第一，为什么秦始皇要把兵马俑放在自己的墓里？第二，为什么这么精致的兵马俑却没有好看的颜色来装饰？我用力拉了拉解说员姐姐的衣角，示意她给我解说一下。

"俑"的本意是人殉，以前奴隶主死后都是由奴隶陪葬的，奴隶都是被活埋。兵马俑就是以俑代人殉。秦始皇希望死后由这些兵马俑来保护他的安全，维护他的势力。兵马俑原本表层是彩色的，之所以现在看到是灰色的，是因为经历两千多年的深埋，后面又被挖掘出来，颜料被氧气氧化了。解说员姐姐一下子就化解了我心中的疑问。

历史就像一本永远读不完的书，越读越有味。

 看得出来，黄妍恩是个喜欢提问的孩子，也是个喜欢探究的孩子。游览中有了问题，马上就能找到解决的方向，所以她能写出这样一篇有厚度的游记。

丁丁老师技法小课堂

给游记加历史

每个地方都有自己的历史和传说，这些又都跟人有关，当我们把这些融合在景中时，看景就有了历史的厚度。

（1）查阅资料

出游前，可以做好相关资料的搜集。比如说，去凤凰古城，就可以好好搜集一下沈从文笔下有关湘西的资料；去杭州，就可以重点了解一下南宋在这里建都时的历史。

沈从文在《箱子岩》一文中写道——

> 当时我心想：多古怪的一切！两千年前那个楚国逐臣屈原，若本身不被放逐，疯疯癫癫来到了这种充满了奇异光彩的地方，目击身经这些惊心动魄的景物，两千年来读书人，或许就没有福分读《九歌》那类文章，中国文学史也就不会如现在的样子了。

简单几句话，就把箱子岩这地方的历史厚重感写了出来，让我们知道，屈原当年流放于此，并写下了千古名篇。

我们在游记里引用资料和传说时，也要像这样简洁，最好是用自己的语言说出来，而不要照搬原文，这样会更通俗易懂。

（2）不断询问

行走中有了疑问，就有了很好的写作素材。前面提到赵丽宏在《大漠古城》中的疑问：一千年不住人，这些房屋为什么还在呢？

这就是一个很好的疑问，正是我们心里所想的，这样的文章读来就让人感觉特别亲切。

　　游玩时，要善于对那些"古迹""名胜"做一番探察，学会不断冒出疑问，再询问导游、当地居民或这方面的专家，甚至通过自己查阅资料解决疑问；就算没有解决，也是一种思考，也是有价值的。这样去游历，整个过程会更有意义、更有厚度。

每课一练

　　你所写过的游记中，哪一篇的历史和传说最有趣？把历史和传说加进去，内容要简洁。如果有疑问，还可以把疑问带进文章里。

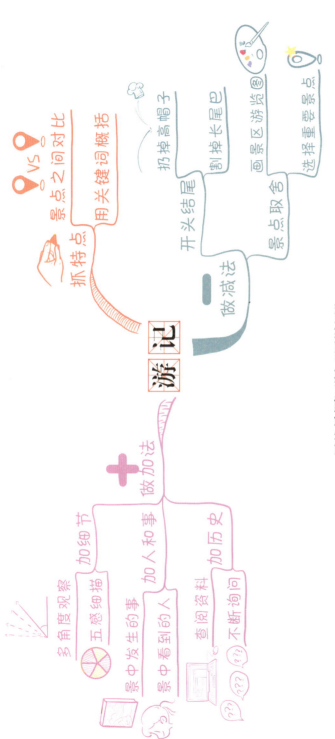

思维导图回顾"写游记"

人大社青少年写作书目

　　中国人民大学出版社一直致力于为青少年出版充满创意的写作书，激发孩子的写作思路，让孩子在写作中发现自我、表达自我，同时学习写作技巧，提高写作水平。

　　写作不只是写作文，它是一种充满想象力的创作，能够极大地拓展人的思维和表达能力，更是一种可以伴随孩子一生的技能。这里有通过画画启发创意思维的《写写画画故事书》，有美国获奖作家系统讲授写作方法与技巧的《写作大冒险》和《小作家手册》，有儿童文学作家带来的《作文课》，有写作大赛名师的课堂再现"丁丁老师创意作文"系列……在这里，你能找到孩子喜欢读的写作书。希望人大社写作书不仅能帮孩子学到写作技巧，还能让孩子真正地爱上写作。

书名	作者	出版日期	介绍
《会写作的大脑1：梵高和面包车》（修订版）	【美】邦妮·纽鲍尔	2018年7月	适读年龄：6～12岁。 激发写作大脑，让孩子"想写"。
《会写作的大脑2：怪物大碰撞》（修订版）	【美】邦妮·纽鲍尔	2018年7月	从不愿动笔，到跃跃欲试，让孩子"敢写"。
《会写作的大脑3：33个我》（修订版）	【美】邦妮·纽鲍尔	2018年7月	学会观察和表达，把生活写成故事，让孩子"会写"。
《会写作的大脑4：亲爱的日记》（修订版）	【美】邦妮·纽鲍尔	2018年7月	重新爱上写作，根本停不下来，让孩子"爱写"。
《奇妙的创意写作——让你的故事和诗飞起来》	【美】卡伦·本基	2019年3月	100个妙趣横生的写作实验，这场写作冒险之旅等你加入。
《我的写作有个性》（人物篇＋景物篇）	丁丁老师	2022年10月	适读年龄：7～12岁。（个性篇） 写自己、写家人、写游记、写场景、写生活，告别套路，教你写出与众不同的味道。融合思维导图、生活化技法小课堂，在故事中学写作，是孩子喜欢的写作书。
《每天一句话　爱上写作文》	丁丁老师	2021年5月	适读年龄：7～12岁。（基础篇） 从句子到段落，循序渐进，打下写作基本功，用造句、色彩、程度、数量、比喻和拟人写好每一句。入选2022年农家书屋。
《每天一段话　写出好作文》	丁丁老师	2021年5月	适读年龄：7～12岁。（基础篇） 从段落到文章，日有所进，打下写作基本功，用成语、对话、描述、背景、顺序和节奏写好每一篇。入选2022年农家书屋。
《思维导图作文——看得见的写作》	丁丁老师	2019年11月	适读年龄：7～12岁（思维篇） 写事、写人、写动物、写静物、写景、写想象，直指写作中最易出现的错误，用看得见的步骤和思维导图教你写好作文。入选2021年农家书屋。
《思维导图阅读——能模仿的写作》	丁丁老师	2019年12月	适读年龄：7～12岁（思维篇） 写作方法＋名篇精读＋习作点评，配上思维导图，教你向名作学写作。入选2021年农家书屋。

书名	作者	出版日期	介绍
《北美思维导图作文》	小杨老师	2020 年 6 月	适读年龄：6～12 岁。 原汁原味的美式思维写作课堂，小杨老师用汉堡包、奥利奥、蝴蝶、鱼骨图搞定写作。
《作文课：让创意改变作文》	谭旭东	2019 年 8 月	适读年龄：9～15 岁。 贴近中小学生生活的写作课，教你把创意用到写作中。
《成为小作家》	李君	2020 年 12 月	适读年龄：9～15 岁。 中关村三小语文名师力作，51 位重点高中学霸实力认证，助你破解写作的基因密码，走向文字链的顶端。入选 2022 年农家书屋。
《写作魔法书——28 个创意写作练习，让你玩转写作》（修订版）	白铅笔	2019 年 6 月	适读年龄：9～15 岁。 好玩的创意写作练习，你的笔一写就停不下来。写作的魔法就藏在你的脑袋里，快来试一试！
《写作魔法书——让故事飞起来》	[美]加尔·卡尔森·莱文	2014 年 6 月	适读年龄：9～15 岁。 纽伯利奖获奖作家分享写作秘密，帮你找到绝佳的故事创意。
《写作大冒险——惊喜不断的创作之旅》	[美]凯伦·本克	2018 年 10 月	适读年龄：9～18 岁。 来自美国的超酷创意写作书，可以撕、可以写、可以画、可以玩。
《小作家手册——故事在身边》	[美]维多利亚·汉利	2019 年 2 月	适读年龄：9～18 岁。 获奖作家为你揭开写作的秘密，你也能成为一名真正的小作家。
《少年未来说·第 1 季》	曹文轩 高秀芹	2019 年 6 月	适读年龄：6～12 岁。 "北大培文杯"全国青少年创意写作大赛优秀作品（第 1 季），展现青少年天马行空的想象力和精妙灵动的文字水平。
《写给未来的自己·第 2 季》	刁克利 高秀芹	2019 年 6 月	适读年龄：10～18 岁。 "北大培文杯"全国青少年英文创意写作大赛优秀作品（第 2 季），用英语展现创意与写作，向未来出发。
《北大附中创意写作课》	李韧	2020 年 1 月	适读年龄：10～18 岁。 北大附中写作老师教你唤醒沉睡的灵感，写出强大的表现力和影响力。
《北大附中说理写作课》	李亦辰	2019 年 12 月	适读年龄：10～18 岁。 北大附中写作老师教你开启思辨之旅，燃起你对说理写作的热情。
《北大清华学长的写作黑科技》	《意林》编辑部	2020 年 7 月	适读年龄：12～18 岁。 北大、清华学长分享自己的写作秘密，四十位高考作文学霸的走心经验谈。